不灭的好奇心，永远的求知欲

音故事

总策划/邢涛　主编/龚勋

Masters of World Literature Inspire the Children's Minds

浙江科学技术出版社

# 前言

每一个星球都有神秘奇妙的故事，每一寸土地都是缤纷多彩的世界，每一个生命都演绎着不朽的传奇……它们构成了生动有趣的科学世界。读过本书，你会发现科学原来无处不在！研究科学的过程是如此快乐！我们生活的世界是如此新奇、美妙！

这是一套比故事书更有趣的科普读物。书中精选了世界顶级文学大师的经典名作，他们用生动清新的笔墨，将一个个与科学有关的故事描绘得妙趣横生，令人欲罢不能。为适应中国读者的阅读习惯，编者对原著进行了改写。在这里，科学不再是晦涩难懂的术语、抽象的定理和公式，而是拥有灵魂的星球、奇险美妙的大自然、充满丰富感情的动植物、鲜活有趣的历史、藏着无数秘密的岩石……

这套书将为你打开科学的大门，展现天文、地理、物理、化学、生物、历史等诸多领域的秘密。在这里，你不仅能探索世界的无穷奥秘，领略科学世界的绮丽风光，还能进入生物的内心世界，感受自然界的趣味以及生命的真谛。

下面，就让我们跟随这套奇特的丛书，去神秘、有趣的科学世界探险吧！

# 目录

## 001~104



## 105~185

# 地球历险记

[英国] 阿瑟·克拉克

## 突然的到访

高高的云层中，突然露出了一架疾驰的飞碟，直直地冲向地面。眼看离地面只有50英尺（1英尺≈0.3米）了，它才猛然刹住，结果重重地落在了一块杂草丛生的荒地上，剧烈的碰撞声响彻四野。

“这次降落真是糟糕！”船长吉克斯普特尔气愤地说道。显然，他说的不是人类能听懂的语言，他的声音在人类听来更像是一只生气的母鸡在“咯咯”地叫唤。对于船长的抱怨，驾驶员克尔特克勒格似乎并不介意。他把三只触手从操作台上移开，又把四条腿伸了伸，换了个舒服的姿势，才慢悠悠地说：“这不是我的问题。这条飞船可是五千年前拼凑起来的，出故障是常有的事，你对它就不应该抱有太大的希望。要是这该死的东西还在基地的话……”

“行了！”船长没有耐心再听这样的唠叨，“至少我们没有被摔成碎片，这已经是很好的结果了。让克利斯梯尔和当斯特过来吧，在他们出发前，我还要再交代几句。”

在所有船员中，克利斯梯尔和当斯特显得如此与众不同。他们的脑袋后面没有长眼睛，身上只有一双手和一双脚。这些生理缺陷虽然常常令他们尴尬不已，却也让他们成了执行这一特殊任务的唯一人选。因为，他们的样子看起来和人类像极了，只要经过一些不大的伪装，就能顺利通过各种盘查。

船长严肃地说："我想知道你们是不是已经非常清楚自己的使命？"

"当然了，"克利斯梯尔似乎有点儿生气，"我和他们的祖先打交道已经很多次了，而且我所受过的人类学训练……"

"那么语言问题呢？"

"语言由当斯特负责。不过这种语言非常简单，我现在也可以说得非常流利，而且两年前我们就开始研究他们的广播节目了。"

"很好。你们现在还有什么问题吗？"

克利斯梯尔犹豫了片刻，说："还有一件事。我们从广播中搜集了很多资料，发现他们的社会制度非常原始，到处都存在违法和犯罪现象，所以有钱人都会使用一种叫作'侦探'的人来保护自己。也许这样会违反规定，但是我们想……"

"什么？"

"我们想，要是能带两只马克m号分裂器在身边就更安全了。"

"绝对不行！要是被大本营知道，我一定会受到军法制裁的。而且'星际政治局''土著居民保护局'等机构正密切关注着我们，一旦你们伤害了当地居民，他们一定会缠着我不放。"

"难道我们的安全就不用管了吗？如果我们出事了，同样也很麻烦。"克利斯梯尔激动地说，"别忘了我之前讲过的那个故事，剧情开始没多久，一个家族中就出现了两名杀人犯！"

"这……好吧。不过，你们只能带上马克0号，记得要善加使用，可别惹来麻烦。”

“多谢！请船长放心，我们会牢记您的要求，每30分钟报告一次情况，离开您绝对不会超过2小时。”

吉克斯普特尔船长点点头，看着他们消失在山顶之后。

“真不明白，为什么这么多船员不选，非选他们两人。”船长长叹道。

“这也是没有办法的事，”驾驶员回答说，“那些人类一遇到怪人怪事就会恐慌。他们要是看到我们，说不定就会扔颗炸弹过来，到时候就更麻烦了。所以，现在没有别的办法，你只能少安毋躁了。”

“那是自然！”吉克斯普特尔把自己的触手弯成了一个6条腿的支架，漫不经心地摆弄着，这是他烦恼时常有的动作。忽然，他灵机一动，说：“要是他们回不来，我就自己回去报告，说这里实在太危险，这样就可以省去很多麻烦了。”

“可是我们对地球已经研究了几个月，这样放弃，以前的辛苦不都白费了吗？”

“也不能这么说，至少我们的研究成果对下一批考察船会有帮助。”船长轻松地说，“我的建议是最好5000年以后再来，也许到那时，这里的文明会进步一点儿。坦率地说，虽然我觉得这条假设很难实现。”

## 天外来客

与此同时，在地球上的某条小巷旁，山姆·霍金斯波斯姆正在享受着奶酪加苹果酒的美餐。忽然，他看到有两个人影正慢慢向他靠近。山姆随意地用手背擦了擦嘴，又小心地收好已喝光酒的酒瓶，目光却一直没有从那两个陌生人身上移开。

“早上好！”虽然口中还含着奶酪，山姆仍然微笑着向他们打招呼。

这两个人就是克利斯梯尔和当斯特。听到人类的语言，他们突然停了下来，克利斯梯尔还偷偷拿出一本小书不停地翻阅。那是一本收集了很多常用短语的小书，比如“不许动，把手举起来！”“向所有汽车喊话”等。不过，当斯特显然并不需要任何书籍的帮助，他很自然地主动走上前搭话。

“早上好啊，伙计！”当斯特的口音很像是BBC（英国广播公司）播音员，“请问离这儿最近的村庄和城镇，或者是其他人群集中的地方在哪儿啊？不知道您能不能带我们过去呢？”

“什么？”山姆对这样的问话感到有些诧异，他不禁对这两个陌生人又打量了一次。他们的衣着有些奇特，前来搭话的人身上穿的既不是常见的翻领衬衫，也不是时髦的条纹外衣。而那个一直在看书的家伙虽然穿了一件晚礼服，但是那条鲜艳的红领带、那顶布帽子以及那双土气的靴子却显得十分不协调。

事实上，克利斯梯尔和当斯特在衣着方面下了很大工夫。他们没有任何资料可以学习，不过却看了不少电视剧。虽然根据演员的服装来缝制衣服显得有些可笑，但至少这些是人类的服饰之一。

山姆猜测他们也许是城里来的皮货商，但是城里的人可不会这么穿衣服啊！于是，他用手指指路，用一种西部地区特有的浑厚口音告诉他们应该去的方向。这种口音只有那里的居民才能听懂，其他人大概只能明白一小部分。

面对这种情况，来自遥远行星的克利斯梯尔和当斯特简直一筹莫展。他们只能彬彬有礼地告辞，并努力猜想着山姆可能想表达的意思。这一时刻，当斯特开始怀疑自己的英语是否真有自己想象的那么好了。

就这样，人类和天外来客第一次史无前例的会见，在双方的疑惑中匆匆结束了。

当斯特若有所思地说道：“我看他是不愿意帮我们吧。”

“我看不像。”克利斯梯尔肯定地说，“从他的衣着和所干的活计来看，他不像是个有知识的人。也许他根本就没明白我们在问什么。”

“嘿，又来了一个！”当斯特兴奋地指了指前面。

“小声点！你这样大声嚷嚷会惊动他的。不如我们自然地走过去，等他先说话吧。”

谁知前面那人好像根本没看到他们一样，擦身而过之后就大踏步地走远了，只剩下克利斯梯尔和当斯特还愣愣地站在原地。

“也许他也帮不上什么忙吧。”克利斯梯尔用颇似哲学家的口气说着。

“别自我安慰了。”当斯特愤愤地说道。

他们盯着那位远去的先生，只见他穿着老式旅行装，正聚精会神地读着一本《原子理论》，完全没注意到自己加快的步伐，很快就消失在小巷中了。克利斯梯尔开始不安起来，因为他发现和人类打交道似乎比想象中要难很多。

克利斯梯尔和当斯特没有办法，只能继续赶路。终于，在一座小山脚下，他们发现了一个半隐半现看上去有些神秘的小村庄。这个村庄叫小米尔顿，它是一个典型的英国村庄。夏日的清晨，村里的男人都干活去了，妇女们正在家里忙着做家务。路上行人非常少，他们一直走到村子中央，才遇到一个邮递员。

邮递员刚刚送完邮件回来，脸上写的都是怨气。因为他不得不比平时多走两英里把一张只付了一个便士邮费的明信片送到道格逊农庄，而且计那·依万斯这次给他妈妈寄回的换洗衣服比平常要重很多，里面还藏着他从厨房里偷来的四瓶牛肉罐头。

“打扰一下。”当斯特很有礼貌地说。

“我还要再跑一趟，没工夫！”邮递员根本不想应付路人的询问，只甩下一句话就骑着自行车匆匆走了。

“真是受不了了！难道人类都是这样的吗？”当斯特嚷道。

“耐心点，当斯特。”克利斯梯尔说，“他们的习惯和我们的相差太多，你需要慢慢适应。以前，我同他们的祖先打交道的时候也常常遇到这种麻烦，我们必须花很长时间、很多精力才能取得他们的信任。别忘了，你可是一个人类学家。”

“好吧。那就去他们家里，这样他们总没办法逃走了吧。”

“这个办法可行，”克利斯梯尔还是有点迟疑，“不过，可千万别走进那些像寺庙一样的房子，不然麻烦就大了。”

克利斯梯尔和当斯特敲开的第一间屋子就是老寡妇汤姆金丝的住宅。这位老太太看到门口忽然出现了两位绅士，显得非常激动。她根本无暇注意两人奇特的衣着，只是一直在回想那笔意料之外的遗产，回想之前新闻记者对她100岁生日的采访（实际上汤姆金丝只有95岁，但她隐瞒了这一点）。她急忙拿起那块一直挂在门边的石板，快步走上前，同客人打招呼。

老太太微笑着说：“很抱歉，这20年来我一直耳聋，听不见你们说话。你们要说什么，都写在石板上吧。”

克利斯梯尔和当斯特面面相觑，因为他们只在电视节目里见过人类发布的通知，而且他们至今也没弄懂那些文字的意思。谁想，这次竟然遇到这样一个难以逾越的障碍，二人的沮丧之感可想而知。幸好，当斯特有着和照相机一样的记忆力。他一边搜索着脑中的英语单词，一边犹豫地拿起粉笔，小心翼翼地在石板上写了一句他自认为合适的英语：

“她的神秘的客人悲伤地走了。”

汤姆金丝太太无比困惑地凝视着那些像是英文字母的符号，半晌才猜出来大概是什么字，因为当斯特把好几个地方都写错了。不过，她理解的意思却是这样的：

“通话将尽快恢复。”

碰到这样一句莫名其妙的话，老太太完全不明所以。没办法，他们只好去另外一家尝试。这次的运气似乎要好一点，主人是一位年轻的妇女。开始的时候她还非常客气，可是才过了一会儿，她就“砰”的一声关上门，然后在屋里歇斯底里地狂笑。这让克利斯梯尔和当斯特的心情沉重极了，他们开始怀疑自己伪装成人类的本领也许并不高超。

来到第三家，迎接他们的是史密斯夫人。她非常健谈，说话像连珠炮似的，每分钟能迸出120个字。但可惜她的口音和山姆一样，让人完全听不懂。他们赶紧找个理由道了声歉，就匆匆离去了。

“他们说的话怎么和广播里的完全不一样呢？他们这样又怎么能听懂自己的节目呢？”当斯特无奈地抱怨道。

“难道我们弄错了着陆点？”克利斯梯尔说。他本是一个乐观而自信的人，此时他也开始动摇起来，为这次所遭遇的种种麻烦感到沮丧和难过。

不知道是第六次还是第七次了，他们敲开门后，出现的终于不再是家庭妇女，而是一个瘦弱的青年。他们很快就发现那人手上拿着一样东西。那是一本杂志，杂志的封面上印着一个布满弹坑的星球，虽然不知道名字，但那显然不是地球。星球上还有一枚巨大的火箭正要起飞，边上写着这样几个字："伪科学惊险小说，售价25美分。"

克利斯梯尔与当斯特互相交换了眼色，他们一致认为这个人一定能够理解自己。当斯特兴奋极了，他愉快地走上前，彬彬有礼地对那人说："我们刚从外太空来，很想同你们这里的政府取得联系。也许这里的人会觉得这很难理解，但我相信您一定能帮助我们。"

"哈！"吉米·威廉斯说，他还沉浸在对土星外部空间的探险之中，"你们的飞船在哪儿？"

"在深山里边，我们不想惊动别人。"

"是火箭吗？"

"当然不是，那东西早在几千年前就被淘汰了。"

"那么它是利用原子能飞行的吗？"

"我想是的，不然还有其他动力吗？"当斯特的物理学得不算很好，但依然肯定地说道。

"别扯远了，"克利斯梯尔有点不耐烦了，"我们得赶紧问清楚在哪儿能找到他们的官员。"

当斯特刚要开口，就听见屋内传出来一个尖厉的声音。

"吉米，谁在那儿？"

"哦，两个……"吉米不知道怎么形容，"他们看上去像是人，不过却是从火星上来的。我就说这样的事情会发生的。"

话还未完，一个体壮如牛的女人踏着沉重的脚步声出来了。她的脸上满是凶气，并用一种嫌弃的目光瞪着门外两位不速之客。她看了看吉米手中的杂志，恶狠狠地说："真不知羞耻！你这没用的孩子，真是糟糕透了。家里没人管教，就整天浪费时间看这些乱七八糟的东西。"说着，她又打量了一下克利斯梯尔和当斯特，

“你们说自己是从火星上来的，我看是从那些飞碟上来的吧！”

“我们从来没说过自己来自火星啊！”当斯特正要申辩，那个女人就“砰”的一声把门关上了。他们依稀可以听见屋里的争吵声，还有书本撕裂的声音，接着就是那个青年的哭声。

一阵沉默之后，当斯特终于开口说：“接下来该怎么办？为什么他要说我们是从火星上来的？火星明明就离我们的星球很远啊！”

“我也不清楚，”克利斯梯尔说，“也许他们会猜测我们是从邻近的星球上来的吧。要是他们知道我们的星球，一定会大吃一惊的。火星，哼！报告中描述的可比这儿更糟糕。”此时，他的科学态度已经有些动摇了。

“咱们还是别再挨家挨户地问了，也许外边会有更合适的人选。”当斯特说道。

果然，还没走多远，他们就被一群孩子团团围住了。只是没想到，这些小男孩的话也是同样的粗俗，同样的令人费解。

“不如我们送些礼物给他们，哄哄他们也许就好说话了。”

“好啊，你带礼物了吗？”

“没有啊，我以为是你……”

当斯特的话还没说完，这几个小家伙已经跑到另一条街上去了。

这时，当斯特看到街上有一个身穿蓝色制服、神色威严的人，他立刻睁大了眼睛。“是警察！”他兴奋地几乎叫了出来，不过转而又半信半疑地说，“也许他正要去调查一件凶杀案吧，或者他能抽空和我们聊两句。”

P.C.亨克斯警官看着这两个奇怪的陌生人，也觉得十分惊讶，不过他能很好地控制自己的情绪，不让它流露出来。

“你好，先生们！你们来这儿是想要寻找什么东西吗？”

“没错，就是这样。”当斯特试图用一种特别友好、特别讨人喜欢的语调与警官攀谈，“或者您可以帮助我们。事情是这样的，我们来自于外太空中的另一个星球，刚刚降落在你们星球上，现在想和你们的有关政府取得联系。”

“什么？”亨克斯放大的瞳孔显示出他听到这话时是多么诧异，他还站在那儿愣了一会儿。不过，亨克斯毕竟是一个聪明的青年，他可不想一辈子就在这里做个乡村警察。于是，他很快调整好自己的情绪，恢复了平静的语气：“这么说，你们是刚刚着陆的，对吗？你们是坐太空船来的吗？”

“是的，警官。”当斯特如释重负，急忙答道。要是在其他原始星球上，即使是警察听到这话也会非常激动。而这位警察却毫不怀疑，也没有向他们发火，这让当斯特又多了几分信心。

“好，好！”亨克斯努力地控制着自己说话的语调，因为他希望这样能引起对方的信任和好感（其实他们看起来是那样的瘦小，就算使用暴力也没有关系），“你们有什么需要帮忙的尽管开口好了，我一定尽力。”

“太好了！”当斯特满心欢喜地说，“我们就是怕太多人知道我们的身份而产生恐慌，所以才会在这么偏僻的地方着陆。我们希望能尽快和你们的政府取得联系，而对于这件事知道的人越少越好。”

“我完全明白你们的担忧。”亨克斯一边说，一边焦急地朝四周观望，想找到一个可以帮他传信的人，“那你们来这儿的任务又是什么呢？”

听到这样的问题，当斯特马上警惕起来。他说：“非常抱歉，我们对地球做了一个长远的发展规划，只是不适合在这里谈论。不过，我可以告诉你，地球作为宇宙的一部分应当得到调查和开发，而且我们一定可以在很多方面帮助你们。”

“那真是太好了！我想地球上的人都会非常感谢你们的。”亨克斯煞有介事地说，“这样吧，你们先和我去派出所，到了那里就可以给总理打电话了。”

事情终于有了进展，当斯特激动得连连称谢。他们已经完全信任亨克斯警官了。他们并排走着，虽然此时亨克斯心里很想走在他们后边。就这样，三个人一同来到了村派出所。

“这边请，先生。”亨克斯很有礼貌地为他们带路，将他们领进了一间房内。那里简直就是人类最原始的住所，陈设简陋，光线昏暗。他们还没看完这里的环境，就听到“咣”的一声，一道铁栅栏门将他们与亨克斯隔开了。

门外的亨克斯仍微笑着说：“别担心，一切都会很顺利的。我一会儿就回来找你们。”

克利斯梯尔和当斯特在短暂的目光交流之后，很快就得出了一个可怕的结论。

“天啊！我们被关起来了！”

“这里其实是座监狱！”

“我们现在该怎么办？”

正当他们忙于发泄自己的愤怒与沮丧时，一个懒散的声音从黑暗里传了出来：“你们这些家伙到底懂不懂英语啊？就不能让我睡个安稳觉吗？”

这时，他们才意识到原来在这黑暗的地窖中还有一个人。他们循着声音望去，只见墙角处有张床，一个衣衫不整的年轻人正躺在上面注视着他们，眼睛里充斥着不满。

“哦，我的天哪！那是一个危险的罪犯吗？”当斯特嚷道。

“目前看起来不像是很危险。”克利斯梯尔谨慎地说道。

“喂！你们是怎么被关进来的？”年轻人一边摇晃着身体坐了起来，一边慢悠悠地问道，“你们也是刚参加完化装舞会吧。哎哟，我这该死的头！”说着，他朝前俯下了身子，看起来非常难受。

“难道化了装就要被关起来吗？”善良的当斯特不解地问道，“我确实不知道我们为什么会到这儿来，我们只是把自己的身份和背景告诉了警察，谁知道他就带我们来了这里。”

“那你们是谁？”

“我们刚刚降落——”

“唉，这件事就不要再重复了，没有人会相信我们的。”克利斯梯尔用他们自己的语言打断了他的话。

年轻人又站了起来，追问道：“你们说的是什么语言？我见识少，从来没听过你们说的这种话。”

于是，克利斯梯尔就提议说：“不如把事情经过告诉他，反正我们待在这里什么事也做不成。”

## 匆匆离去

与此同时，亨克斯正在同当地疯人院的院长通电话。院长坚持说他的病人一个也没有少，不过亨克斯依然认真地要求他再检查一遍。院长没有办法，只能勉强答应，说有了结果再告诉他。

放下电话后，亨克斯开始怀疑是不是有人在故意和他开玩笑。他悄悄地向地窖走去。在地窖中，他看到那三个犯人似乎在友好地交谈着，于是他又踮起脚尖轻轻地走开了。也许他们都应该先冷静一下，亨克斯这样想着。他揉了揉眼睛，又回想起清晨他把格拉哈姆抓进监狱时的搏斗场景。

现在，这位年轻人已经清醒过来了，他清楚地记得昨天参加圣餐[1]庆祝会时所发生的事情，不过他并不后悔。可是，当他听完当斯特讲的故事后，又开始担心自己是不是没有完全清醒。

既然如此，倒不如在幻觉消失前尽量把这件事当成真的吧，格拉哈姆心想。

“如果你们的飞船真的在深山里，你就可以联系他们，让他们派人来营救你们。”他说。

“那可不行，我们得自己解决。”克利斯梯尔不卑不亢地说，“而且，你可不了解我们的船长。”

格拉哈姆看到他们这么自信，又回忆了一遍他们刚才讲的整个故事。听起来情节都很合理，只是……

“你们连星际飞船都能造得出，却被一座乡村派出所关在里面，你们不觉得这实在令人难以置信吗？”

当斯特看了一眼拖着沉重脚步的克利斯梯尔。

“要逃出去简直易如反掌，”当斯特说道，“但是，我们曾经承诺过，不到万不得已绝不会轻易使用暴力手段。你根本不知道这样会引起多大的麻烦，也不会了解我们回去后需要填写一种什么样的报表。而且，就算我们逃走了，你们的人一定会拼命地追捕我们，我们很难保证自己能顺利跑回飞船。”

格拉哈姆听完后，反而咧开嘴笑了：“你们放心，在小米尔顿他们是抓不着你们的。如果你们能安全穿过‘白鹿’，他们就更抓不着了。因为我的汽车就停在那里。”

“原来如此。”听到这一消息，当斯特又重新振作起来，他

[1] 圣餐：基督徒的重要礼仪，为了纪念耶稣基督的死。届时，基督徒会去教堂领无酵饼和葡萄酒。他们认为，饼象征着耶稣的身体，而酒象征着耶稣的血液。

激动地转过身，和克利斯梯尔商量。简短的交谈之后，双方终于达成一致。接着，当斯特小心翼翼地从内衣口袋里拿出一个黑色的小钢瓶，就像小姑娘第一次拿着一支上了膛的火枪一样，谨慎地摆弄着。而克利斯梯尔则快速地退到较远的墙角处，他的行为似乎在预示着将有不可思议的事情发生。

就在这时，格拉哈姆顿时觉得自己非常清醒，再也不怀疑刚才他们所讲述的故事的真实性了。

没有刺耳的爆炸声，没有耀眼的电火花，也没有五颜六色的射线，一段3英尺见方的墙壁就这样静悄悄地溶化了，溃散成一堆锥形的小沙堆。过程简单极了，没有丝毫的忙乱。温暖的阳光终于照进了阴暗的地窖里，当斯特也终于松了一口气，他慢慢地收起了那件神秘的厉害武器。

“好了，过来吧，我们等着你呢！”当斯特对格拉哈姆说道。

果然如格拉哈姆所说，没有人出来追捕他们，因为此时的亨克斯依然在电话里争吵不休。不过几分钟后他回到地窖，一定会发现这件生平最不可思议的事情。

格拉哈姆重新回到了“白鹿”，他的出现并没有显得很意外，因为大家都知道他昨晚去哪儿了，并希望法官在审判时会宽恕他。

他们走向一辆“班特力”牌的小轿车。它的样子非常奇特，几乎要散架了，不过格拉哈姆依然亲切地称它为“玫瑰”。克利斯梯尔和当斯特极为不安地爬进了后座里，他们怀疑这样的车是不是真的能带他们逃离危险地带。出人意料的是，生锈的铁罩下面的发动机性能良好，它以每小时50英里的速度带着他们驶出了小米尔顿。当然，对于克利斯梯尔和当斯特来说，这简直是一种慢得惊人的速度，因为这些年来，他们遨游太空时的速度至少是每秒钟几百万英里，但是现在他们感到前所未有的害怕。

克利斯梯尔渐渐适应了这种驾驶，待情绪恢复正常后，他就掏出袖珍报话机向飞船喊话。

“我们正在返回的途中，”他在狂风中大声嚷道，“我们遇到了一个非常有知识的人，现在正坐在他的汽车上，大概需要——呜——对不起——我们刚刚穿过了一座桥——我们大概十分钟以后就到。什么？不，当然不是，我们没有遇到任何麻烦，一切都非常顺利。再见！”

格拉哈姆好奇地回头看了一眼他的乘客，而这一看使他颇感不安。因为风太大，克利斯梯尔和当斯特的耳朵和头发都被风刮走了，他们的真面目渐渐显露出来。格拉哈姆开始怀疑他们的鼻子是不是也是粘在脸上的。唉，就这样吧，习惯就好了。其实这也没什么，以后还有足够的时间和他们打交道，相处久了，就不会觉得这一切有多奇怪了。

以后的事情我不说你们也会知道。这个关于外星人第一次拜访地球的故事在此之前还从未公开，而就在那次特殊的调查任务中，格拉哈姆幸运地成为人类第一位奔赴浩瀚宇宙的代表。以上这些资料都是我在天外事务部工作时，征得克利斯梯尔和当斯特的同意之后，从他们的报告中摘录出来的。

在那次任务中，克利斯梯尔和当斯特的表现非常好，得到了上级的一致认可。因此，后来他们再一次被选中去拜访我们神秘的邻居——火星。显然，基于上次的教训，克利斯梯尔和当斯特登船出发时是那样的勉强。而从那以后，我们再也没有听到关于他们的任何消息。

# 山羊兹拉特

[美国] 艾萨克·什维斯·辛格

今年冬天天气异常暖和，光明节[1]都快到了，却还没下过雪。往年光明节的时候，从村里到镇上的路都会被冰雪覆盖。可今年晴朗的天气让农民们很是担心，由于干旱，冬粮收成恐怕不好。

对皮货商鲁文来说，今年更是个糟糕的年头。他犹豫了好久，还是决定把他的山羊兹拉特卖掉。

兹拉特已经老了，挤不出多少奶了。镇上的屠夫费夫尔愿意出八个银币来买兹拉特。有了这笔钱，鲁文就可以买光明节用的蜡烛、土豆、油脂和其他必需品，还可以给孩子们买些礼物。于是，鲁文叫他的大儿子阿隆把兹拉特赶到镇上，交给屠夫费夫尔。

阿隆知道把兹拉特交给屠夫费夫尔准没好事，但是他不敢违抗父命。阿隆的母亲和妹妹听说要卖掉兹拉特，伤心得哭了。

阿隆出门前穿上棉夹克，戴上帽子，带上路上吃的涂着乳酪的面包，还在山羊兹拉特的脖子上拴了根绳子。兹拉特像往常一样

---

[1] 光明节：犹太人的一个庆祝光明的节日，原名修殿节。因为节日期间犹太人会在每个地方都摆上各式各样的“哈努卡灯”，所以又称为光明节。

温顺地站着，它舔着鲁文的手，摇着它的小白胡子。它一向信任人类，知道人们总是喂它东西吃，从不伤害它。家里人要阿隆送完兹拉特后在费夫尔家过夜，第二天把钱带回家。

阿隆把兹拉特赶上通往镇子的大道时，它似乎有点诧异，因为它从来没有朝那个方向走过。它回过头来看阿隆，似乎在问："你这是要把我赶到哪儿去呀？"但是过了一会儿，它又好像在喃喃自语："山羊是不应该提出疑问的。"

他们通过陌生的田野和茅舍。一路上，不时有狗追赶他们，但都被阿隆赶跑了。阿隆离开村子时还阳光灿烂，可天空突然出现了一大片乌云，冷风随之刮起来，天上也下起了冰雹。虽然当时是上午，但是天昏暗得像黄昏一样。不久，冰雹就转为大雪了。

12岁的阿隆经历过各种天气，但是他从没见过这样大的雪。大雪纷飞，昏天暗地，不一会儿就分不清哪里是道路，哪里是田野了。通往镇上的路本来就很狭窄，又弯弯曲曲，再加上风雪交加，阿隆找不着路了。寒风刺骨，冷风透过他的棉夹克直往里钻。

起初，山羊兹拉特并没在意天气的变化。可是，当它的腿陷入越来越深的雪里时，它更加诧异了，时不时地转过头来茫然地瞧着阿隆，好像在问："这样大的暴风雪，我们出来到底干什么呢？"

阿隆希望能遇见一位赶车的人帮他指路，可根本没有人经过。雪越积越厚，当阿隆踩到雪下刚犁过的松软土地时，他就意识到自己已经离开大路，迷失方向了。

冷风呼啸着，怒吼着，在雪地上盘旋，一股股白色的雪花被风从地上掀起。兹拉特再也走不动了，它倔强地站在那儿，"咩咩"地叫着，好像在恳求阿隆把它赶回家。冰柱挂在它的小白胡子上，它的角上结了一层白霜，晶莹发亮。

虽然不想承认自己已经陷入危难之中，但是阿隆知道，如果找不到地方躲避风雪，他们就会冻死。这是一场极为罕见的特大暴风雪。阿隆的膝盖已被雪没过，手脚也冻僵了。风雪呛得他喘不过气来，他感到鼻子发木，于是抓了一把雪揉搓了一下鼻子。

兹拉特的叫声听起来好像是在哭泣，它如此信赖的人类竟然把它带入绝境。阿隆忍不住乞求上帝保佑自己和这只可怜的山羊。

突然，阿隆看到前方好像有一座小山包。他很好奇，就拖着兹拉特慢慢走过去。靠近一看，他才认出那山包似的雪堆原来是个大草垛。大草垛已经完全被积雪覆盖了。阿隆这时才松了一口气：他们俩有救了。他费了好大劲儿才在积雪中挖出一条通道。

阿隆是在乡村长大的，知道该怎么办。摸到干草以后，他替自己和山羊挖了一个藏身的草洞。不管外边多冷，干草垛里总是很暖和，而且干草正是兹拉特爱吃的。一闻到干草的气味，兹拉特立即心满意足地吃了起来。而草垛外面，雪继续下着。大雪很快重新覆盖了阿隆挖出的那条通道。他们都需要呼吸，于是阿隆又透过干草和积雪挖了个“窗户”，使草垛里保持空气畅通。

兹拉特吃饱之后，好像又恢复了对人类的信赖。阿隆吃了他带来的两片面包和奶酪。由于一路上辛苦奔波，他并没有吃饱。他看了看山羊兹拉特，发现它的乳房居然鼓鼓的。他躺在山羊旁边，尽量舒服些，以便他挤出羊奶时，奶汁能正好流到他嘴里。

山羊兹拉特虽然不习惯阿隆这样挤奶，但它没有动。看来，它正急切地想要报答阿隆，感谢阿隆把它带到这个可以躲避风雪的地方，而且这个临时避难所的墙壁、地板和天花板，都是它的大餐。

透过“窗户”，阿隆可以瞥见外边的景象：风把一股股的雪掀起来，周围一片漆黑。他弄不清是到了夜晚，还是由于暴风雪才这样天昏地暗。谢天谢地，干草垛里并不冷。干草、青草，还有田野里的小花，都散发出一股温暖的气息。

兹拉特不停地嚼着干草，时而吃头上方的草，时而吃脚下的草，它的身体散发着热气。阿隆紧紧地依偎着兹拉特。他一向喜欢兹拉特，现在山羊简直像他的姐妹。他思念家人，感到很寂寞，想说话来解闷儿，只好对山羊说话。

“兹拉特，你对我们遇到的这场灾难有什么看法呢？”阿隆问。

“咩。”兹拉特回答说。

“如果我们找不到这个干草垛，恐怕现在早就冻僵了。”阿隆说。

“咩。”兹拉特又叫了一声。

“如果雪不停地下，我们就得在这里待好些天。”阿隆又说。

“咩。”兹拉特叫道。

“你这样‘咩，咩’，到底是什么意思呢？”阿隆问，“你最好说清楚。”

“咩，咩。”兹拉特似乎想要说清楚。

“好吧，那你就‘咩’吧，”阿隆耐心地说，“你虽然不会说话，但我知道你明白我需要你，你也需要我，对吗？”

“咩。”兹拉特还是这样叫着。

阿隆瞌睡来了。他用草编成一个枕头，枕在上面，打起盹来。兹拉特也睡着了。

阿隆一觉醒来，睁开眼睛，发现周围漆黑一片，原来是积雪把“窗户”封住了。阿隆想把雪除掉，但是他把整个手臂伸直，也没有够到外边。万幸的是，他带着一根棍子，他用棍子往外捅，终于捅开了积雪。外边仍然是一片漆黑，雪还在下，风还在怒吼。阿隆听到许多声音，有时风声像孤苦的狼嚎一般。

兹拉特也醒了，阿隆跟它打招呼，它仍以“咩”作答。兹拉特的语言虽然只有一个字，但在阿隆看来，却包含着许多意思。这会儿，兹拉特好像在说：“我们必须接受上帝赐给我们的一切——温暖、寒冷、饥饿、满足、光明和黑暗。” 阿隆感到很饿，他带的面包和奶酪都已经吃光了，但是兹拉特有的是奶汁，够他喝了。

阿隆和兹拉特在干草垛里待了三天三夜。阿隆一向喜欢兹拉特，但在这三天里，他更感到自己离不开兹拉特了。兹拉特供给他奶汁，温暖他的身体，它的耐心使他倍感安慰；他给兹拉特讲了许多故事，兹拉特总是竖起耳朵听。他爱抚地拍拍兹拉特的身体，兹拉特便舔他的手和脸。兹拉特“咩”一声，阿隆知道这是在说：“我也喜欢你。”

雪继续下了三天三夜，不过两天后雪下小了，风力也小了许多。有时候，阿隆感到好像从来没有夏天，雪似乎没完没了地下个不停，从他能够记事起一直就是这样。他好像从来没有父母姐妹，他是雪的孩子，一直生长在雪中。兹拉特也是如此。

干草垛里安静极了，阿隆和兹拉特几乎一直在睡觉，不光晚上睡，白天大半时间也在睡。阿隆老是做梦，梦里全是关于天气转暖的情景。他梦见绿油油的田野、鲜花盛开的植物、清澈的小溪，还有欢快歌唱的小鸟。

第三天晚上，大雪终于停了，但是阿隆不敢摸黑去寻找回家的路。天放晴了，月亮也出来了，银色的月光铺满雪地。阿隆挖出一条通道，走出了草垛，向四周张望。

雪地上到处静悄悄、白茫茫的，好似在梦里。星星看上去又大又紧密。月亮在天空中游泳，又好像在海里游泳一样。

第四天早晨，阿隆听到了雪橇的铃声。驾雪橇的农民给阿隆指了路，但他指的不是通往镇上的路，而是回村的路。阿隆在草垛里的时候就已经打定了主意：他再也不和兹拉特分开了。

阿隆的家人以及左邻右舍在暴风雪中找过阿隆和山羊，但是毫无结果。他们担心阿隆和山羊已经被冻死了。阿隆的母亲和妹妹哭泣不止，父亲鲁文则沉默不语、闷闷不乐。

这天中午，一位邻居突然跑来告诉他们一个好消息：阿隆和兹拉特回来了，正朝家走呢。

全家人开心不已。阿隆向家人讲述了他如何发现草垛、兹拉特如何供他奶喝。阿隆的妹妹们对兹拉特又是亲又是抱，还用剁碎的胡萝卜和土豆皮款待它。兹拉特狼吞虎咽，美美地饱餐了一顿。

打那以后，再没有人提卖兹拉特了。寒冷的天气终于来临了，村民们又请鲁文为他们做皮活了。

光明节到来时，阿隆的母亲每晚都做薄煎饼，兹拉特也会得到一份。尽管兹拉特有自己的羊圈，但是它常常来厨房，它用犄角敲门，表示想来拜访，人们总是放它进去。

晚上，阿隆和两个妹妹玩陀螺，兹拉特坐在炉子旁看着孩子们玩，有时它会对着光明节蜡烛的火苗出神。

阿隆有时会问山羊："兹拉特，你还记得我们一起度过的那三天三夜吗？"

兹拉特便用犄角搔搔脖子，摇晃着白胡子，"咩"了一声，这个单纯的声音表达了山羊兹拉特全部的思想、全部的爱。

# “云端”的草原与山

[美国] 奥尔多·利奥波德

## “云端”的山

那年，我第一次来到亚利桑那州的时候，白山着实是骑马者的理想世界。这里没有汽车，除了几条主要道路之外，别的地方都非常崎岖，连马车也无法通行。而且，这里过于广大，不适合徒步旅行，就连牧羊人也要以马为工具。所以，排除了汽车、马车和步行的种种可能，白山便成了骑马者独享的胜地。这里的面积差不多有一个郡那么大，它被人们称为“云端”的高原。在这里，随处可见骑马的牧牛人、骑马的牧羊人、骑马的林务官，还有骑马设陷阱的捕猎者。在边界地带，还可以看见那些身份不明、去向不定的骑马者。不过，他们不会明白，在这里是由交通工具——马来决定身份是否尊贵的。

由此往北行走两天，就会来到另一个完全不同的铁路城镇。在那里，你可以选择：穿皮鞋步行、骑驴、骑牧牛人的马、乘四轮马车、乘运货马车，或者乘坐货运火车上乘务人员的专用车厢，甚至是旅客列车的卧铺车厢。无论哪一种方式，都代表着一个社会阶层，而每个阶层的人都有他们独特的行为方式。比如，所说的话、所穿的衣服、所吃的食物，还有喜欢光顾的酒吧。不过他们仍是有共同点的，那就是每个人都受惠于百货商场，每个人都必须接受亚利桑那州的尘土和阳光。

当这里的人们往南穿过平原来到白山时，以上的种种交通工具都会因无法通行而一一消失，当然他们的阶级身份也会慢慢不见。直到“云端”高原，那里就是一个完全由骑马者统治的天下了。

冬天的白山被皑皑白雪覆盖，就连小峡谷旁唯一的登山小径也会堆满积雪，即使是骑马者也无法登上山顶。到了5月，峡谷里又会有带冰的急流，冲撞得岸边轰隆作响。之后过不了多久，你就可以登山了，不过你的马儿要足够勇敢，因为它需要在及膝的泥泞中攀爬半日才能到达山顶。

在山脚的小村庄里，每年这个时候，人们都会心照不宣地进行一场比赛，看谁最先骑马登上那片“云端”高原。大家不会费心去想为什么要这么做，只会勇敢地去尝试。这样的活动传播得很快，所有人都跃跃欲试。最先登上山顶的人会被赋予骑士的光环，成为那年的“风云人物”。

和故事书中所描绘的不一样，白山的春天总是姗姗来迟。即使是在风和日丽的天气里，有时也会刮起刺骨的寒风。山上的羊群时常遭到冰雹和风雪的侵袭，母羊在寒冷中痛苦地哀号着，小羊几乎都冻僵了，就连快活的星鸦在面对春天的暴风雪时也不得不弓起了背。也许这是我看过的最凄冷的景色。

到了夏天，白山的情绪会随着天气的变化而变化。那些反应迟钝的骑马者和他们的马感受最深了。

晴朗的早晨，新生的草和新开的花都会热烈地邀请你来它的怀里打上几个滚（如果你没有拉紧缰绳，你那不受约束的马儿一定会这么做），你会感觉到每个生命都在欢呼雀跃着发芽生长。那巨大的松树和冷杉，熬过了几个月的暴风雪，现在终于能舒展身体接受阳光的沐浴了；那面无表情的缨耳松鼠[1]，极力想通过声音和尾巴告诉你，以前从来没有过这样珍贵的日子。

然而，天气无常，只过了一小时，乌云就已经遮住了阳光。闪电和暴雨在不断逼近，阴暗的天空就像是一颗被点燃的炸弹，把之前欢快的气氛全都吓跑了。此时，你的马儿也会完全处在紧张之中。一颗滚动的小石子儿，一根嘎吱作响的小树枝都会让它惊跳起来，然后呼哧呼哧地喷着鼻息，打着哆嗦。如果有人告诉你他不怕打雷，那他肯定没在七月的时候骑马上过白山。

本来，雷声已经够可怕的了，谁想接踵而来的闪电一下子打在了悬崖上，那些石头碎片被撞得四处逃散，冒着黑烟从耳边呼啸而过。更可怕的是，一棵松树不幸被击中后，一片约15英寸长的白色木片朝我飞来，然后深深地插入了我脚旁的泥土里。木片立在那嗡嗡作响，很像一把正在奏乐的音叉[2]。

### “云端”的草原

白山的最顶端是一片广阔的草原，要穿越它，骑马也得花半天工夫。而且它还不是那种平坦整齐的草地，它的边缘或成涡形，或成锯齿形，上面星罗棋布地排列着形状各异的河流、水湾、半岛和公园。没有人知道这里所有的地方，所以你每次去骑马都有可能发

[1] 缨耳松鼠：一种哺乳动物，体形非常小，有一条毛茸茸的长尾巴。善于攀爬和跳跃，行动敏捷，清晨最为活跃。分布于墨西哥和美国的部分地区。

[2] 音叉：呈“Y”形的钢质或铝合金发声器，长短、粗细不同的音叉在振动时会发出不同频率的纯音，可以用来调节钢琴的音律。

现一处新的美景。

或许正是有了这种发现“新大陆”的感觉，每一个来到的人都希望能在那里留下自己的印记。所以，那些高大的杨树身上才刻满了名字、日期和牲口火印。作为后来者，我们可以随时从上面读到得克萨斯人的历史和文化，这其中有时还会有某个作者的生平简史。例如，一位老人就曾在这里留下了许多印记。最初的他还是一个居无定所的牛仔，他独自来到这里刻下了自己的名字，注明了时间是90年代，却没有烙上火印。10年之后，他再次到来，在旁边刻上了他姓名的首字母和火印。那时的他已有了稳定的收入，也有了自己的事业。接下来，他的旁边又多了他女儿名字的首字母，那是近几年才刻上的。刻写者是一位爱上他女儿的年轻人，那人不仅想娶她为妻，更想继承她父亲的巨额遗产。

如今，这位老人已经去世了。步入晚年时的他，关心的只有那些存放在银行的存款和牧场中牲口的数量。不过杨树上留下的文字依然告诉我们，他在年轻的时候也曾陶醉于白山的美景之中。

除了能在杨树身上寻找白山的故事，我们还可以从它的地名上寻找答案。白山的地名有的幽默，有的讽刺，有的伤感，每一个都十分耐人寻味，这让新来的人总想刨根问底。所以，一个个故事就这样被编织出来，最后勾勒完整，成为当地的传说。

比如，有一片叫作“尸骨场”的可爱草地，风铃草围绕成拱形，掩盖着半埋在土里的牛头骨和散乱的脊椎骨。显然，这些牛已经死去很长时间了。据说，在1880年，一个愚蠢的牧牛人带着他的牛群来到了这里。他习惯了得克萨斯州其他温暖的山谷，放松了对白山的警惕。在明媚的夏日，他带着牛群愉快地登上了山顶，想让它们靠山上的干草过冬。而当11月的暴风雪袭来时，他只能骑着马仓皇而逃，将他的牛群抛在脑后。

还有一个地方叫做“忧伤坎贝尔”，那是蓝河的源头所在。很多年前，一位牧牛人带着自己的新娘去了那里。新娘厌倦了山上枯燥的岩石和树木，希望能有一架钢琴。于是，牧牛人就为她运来了一架坎贝尔钢琴。钢琴无比沉重，整个山区只有一头骡子能驮得动。而要保持骡子的平衡更是一项艰难的工作，整个山区也只有一个人能够完成。然而，钢琴最终也没有为那位新娘带来快乐，她仍然离开了那里。现在，人们再讲起这个故事的时候，那个地方的小屋已经变成一堆倒塌的木头了。

此外，还有一个“菜豆沼泽”，那里四周都被松树环绕着。当年我还在那儿的时候，松树下有一栋原木小屋，是专门为过路者准备的留宿之地。那里有一条不成文的规定，这栋房子的主人会尽量在屋里留下猪油、面粉和豆子，为过路者提供补给。不过，在一次暴风雪中，一位不走运的旅客在小屋内被困了七天，却发现屋里只剩下菜豆了。主人的失礼很快就被传播开来，久而久之，人们就直接把那里叫作“菜豆沼泽”了。

最后，还要说一个“天堂牧场”。当人们在地图上看到这个地名时，通常会觉得庸俗无比。而当他们真正骑马来到这里时，会发现自己所见的和想象中的完全不一样。这里真的就如天堂一样，隐藏在高山的另一边，难以企及。牧场上绿草茵茵，碧水潺潺，溪流中满是鳟鱼在游玩嬉戏。马匹只要在这里待上一个月，就会被喂养得十分肥胖，以至于雨水落在它的背上都可以形成一个小水洼。自从第一次拜访这里之后，我就无比佩服人们命名的创意。像这样的地方，确实找不出比“天堂牧场”更合适的名字来形容了。

后来，我也有过好几次机会可以回到白山，但是我不想回去。

因为我不愿看到那些游客、锯木厂和运载铁路对白山做了什么。我时常听到年轻人在感叹过去的美好，在回忆自己第一次登上“云端”时的激动，而且那时候这些“破坏者”都还没有出生。我非常赞同他们的话，但是只能将忧虑埋在心里。

## 像山一样思考

一声深沉、发自肺腑的嗥叫在山谷间回响，飘到山下，最后消失在遥远的夜空之中。嗥声中包含的是一种野性的反抗与悲伤，是对世上所有逆境和苦难的蔑视。

所有活着的生灵（或者也包括那些死去的生灵）都清楚地听到了那声嗥叫。对于鹿来说，声音警示着他们危险就在附近；对于松树来说，声音预示着午夜将会有一场生死格斗；对于狼来说，声音在告诉它将有一顿美餐可以享用；对于牧牛者来说，声音则意味着无法还清银行债务的威胁；对于猎人来说，声音是猛兽的獠牙在向子弹发起挑战……

然而，在以上这些显而易见的意义背后，还藏着另一个更深层的含义，能明白它的只有大山。因为，只有亘古恒久的大山，才能真正客观地倾听狼嗥的深意。

虽然未必能听懂声音真正的意义所在，但所有的生灵依然知道那声嗥叫来自何方。因为有狼群出没的地区总是与众不同，任何时候都能感受到那种声音的存在。不论你是在夜晚听到过狼嗥，还是在白天看到过狼迹，听到那种声音都会惊悸不已。即使以前没有真正看到过狼的踪影，也没有听到过狼的叫声，但从很多小事中也能感觉到它的存在。比如，一匹马在半夜里突然嘶鸣，石头滚落下来的咔嚓声，鹿在逃命时疯狂地跳跃，甚至隐藏在云杉中阴影的变化。只有缺乏经验的新手才不会察觉到附近有狼，才不会了解大山其实对狼有着独特的看法。

直到那天我看到一只狼在眼前死去，才更加坚定了自己的想法。那时，我们正在一处高高的山崖上吃午饭，山下是一条湍急的河流。我们发现了一只正涉水渡河的鹿，它的胸部淹没在白色水花之中。可是当它上岸后甩动尾巴时，我们才大惊，原来那是一只狼。接着又有六只小狼从柳树林里跳了出来，一起摇着尾巴，相互打闹嬉戏。最后，我们确信自己看到的是一群狼，它们正在山崖下边空旷的草地上玩耍。

那个时候，如果有机会可以杀死狼，没有人愿意放弃。转瞬之间，我们的子弹已经射入了狼群里。不过由于我们太兴奋了，根本无法瞄准，也不知道怎么样才能在这么陡的山崖上往下射击。我们很快就打光了来复枪的子弹，庆幸的是老狼终于倒了下来，还有一只小狼拖着受伤的腿躲进了因山崩造成的一堆岩石里。

我们走到老狼的身边，正好看见它眼中凌厉的绿火渐渐熄灭。那一刻，我发现那双眼睛中还有着我以前从不知道的东西——某种只有狼和山才知道的东西。当时的我年少气盛，对扣动扳机有着强烈的爱好。而且我天真地认为消灭了狼就意味着可以让鹿生活得更好，可以让这里变成猎人的天堂。可是，当我看到狼眼中的那团火焰熄灭之后，我才明白：不论是狼，还是大山，都不会认同我这样的想法。

从那以后，各州都在不断地捕杀狼群。我看到那些山在失去狼之后就变了样子：向南的山坡上布满了被小鹿踩出来的纷乱小径；每一株可食的灌木和幼苗都被鹿啃掉了细枝嫩叶，然后渐渐枯死；每一棵可食的树在鹿角高度以下的地方也都被吃得精光。这样的情景，就像是上帝突然拿出了一把大剪刀，将整座山上的树木都剪掉了。最后，人们如愿以偿，鹿的数量确实增加了。不过，它们却因为数量过多、没有食物而纷纷饿死。它们的尸骨和死去的鼠尾草一起变白，在刺柏下腐烂，而这些刺柏只有在鹿角以上的高度还残留着一些叶子。

我常常会想，就像以前的鹿群生活在对狼的极度恐慌中一样，现在的山也活在对鹿群的极度恐慌之中，而且山会比鹿群更加恐惧。因为，一只雄鹿被杀死了，不过两三年就会有另一只雄鹿来取代它；而一座山被摧毁了，即使再过几十年也无法恢复原貌。

牛群的情况是一样的。牧牛人没有学会像山一样思考，他们清除了牧场上所有的狼，却不知道自己应该接替狼的工作：削减牛群的数量，使其适合牧场的规模。于是，沙尘暴接踵而至，愤怒的洪水将我们的未来冲进了大海。

我们每个人都在追求安全、繁荣、舒适、长寿，以及那单调的生活。鹿依靠自己灵活的腿，牧牛人依靠自己的陷阱和毒药，政治家依靠手中的笔，大多数人依靠的则是机器、选票和钱。而众人所做的一切都只有一个目的：为了我们所处时代的和平。毋庸置疑，我们确实很需要和平，然而过度的繁华只会带来更深层的危险。梭罗曾说："世界的救赎寓于荒野。"或许他正在暗示着这个道理。暗夜中，那一声狼的嗥叫所包含的深意早已被大山所知晓，可惜的是人们依然一无所知。

## 艾斯卡迪拉山

亚利桑那州的区域界线就是脚下的野草、头上的蓝天，还有远处的艾斯卡迪拉山。

山的北面，当你在草原上纵马驰骋时，无论何时何地，只要你抬头，总能看见艾斯卡迪拉山。

山的东面，是一片树木繁茂的台地[1]。那里每一处凹地都能自成一个小小的世界，沐浴着阳光，散发着刺柏的芬芳，头上的蓝头松鸦唧唧喳喳地叫个不停，一切都显得十分惬意。但是当你沿着岩脊登上山巅时，你又会马上变成广袤无垠的空间中的一粒尘埃，而艾斯卡迪拉山正好悬在空间的边缘。

山的南面，都是蓝河那样错综复杂的峡谷，里面遍布着白尾鹿、野火鸡和更有野性的牛。一只聪明的雄鹿从你的猎枪下逃生，得意地在地平线上向你道别。你很想知道为什么没有打中它，于是就低下头查看猎枪的准星。这时你会看见远处的蓝色山脉，那就是艾斯卡迪拉山。

山的西面，是阿帕奇国家森林公园外起伏的树浪。我们实地勘察了那里的林木，把那些高大的树木变成笔记本上的数字，用来表示假想的木材堆。我们气喘吁吁地爬进了峡谷，手上满是汗水，杨槐的刺、鹿虻的叮咬都让我们郁闷不已。但是当我们来到下一个山脊时，呼啸的冷风吹过绿色的松海，也吹走了我们所有的疑虑。此时，远在绿海对岸的就是艾斯卡迪拉山。

大山不仅限制我们工作和游玩，还限制我们弄一份美味的晚餐。冬日的傍晚，我们会埋伏在河边的低地旁，伺机突袭一只绿头鸭。不过，机警的鸭群会在天空中盘旋，然后慢慢消失在漆黑的艾斯卡迪拉山中。如果它们再度飞出来，那我们的荷兰烤锅里就会多出一只肥美的鸭子。而如果它们没有再次出现，那我们就只能继续

1 台地：明显较四周或一侧高，顶面相对平坦，面积不是很大的高地，是由平原向丘陵、低山过渡的一种地貌形态。

吃烟熏猪肉和豆子了。

事实上，只有在一个地方，你无法看到天空下的艾斯卡迪拉山，那就是在艾斯卡迪拉山山顶。不过在那儿，你仍然会感受到它的存在，原因就是山上的那只大熊。

这位大脚老兄可是一位强盗大王，而艾斯卡迪拉山就是它的城堡。每当和煦的春风融化积雪时，这只老棕熊就会从它的冬眠洞穴里爬出来，下山猛击一头乳牛的头部，然后美美地享受一顿饱餐。之后，它又会爬回峭壁里，靠土拨鼠、兔子、浆果和树根安安稳稳地度过夏天。

我曾经看到过被棕熊杀死的一头牛，它的头骨和脖子已经变得血肉模糊，就像迎面撞上了一列疾驰的火车一样。

没有人见过这只老棕熊，不过在悬崖下泥泞的道路中，你可以看到它那令人惊诧的巨大足迹。那些老练的牛仔一看到这些足迹，就能察觉到棕熊的存在。无论他们去什么地方，他们都会看见那座山，继而想起那只棕熊。人们在篝火边交谈时，也会谈到啤酒、舞会和熊。虽然这位老兄只占据着方圆几里内无用的岩石，而且一年只吃一头牛，但是整个地区都能感受到它的存在。

那时，“进步”首次来到这个养牛的地区，开路的是各种使者。

首先就是最先驾驶汽车横穿美国大陆的人。牛仔们了解这位公路骑士，他就像所有的驯马者一样，喜爱说笑，也喜欢冒险。

此外，还有一位身穿黑色天鹅绒的漂亮女士，她会用带有波士顿口音的语言向当地人解释妇女参加选举的意义。尽管不是很明白，但他们依然专注地倾听那位女士的演讲。

最后，他们对电话工程师的行为惊诧不已，他们不明白为什么把电话线挂在刺柏上就能立刻带来城里的消息。一位老人还问，电话线是不是可以带给他一片烟熏猪肉。

后来，一年春天，“进步”又派遣了一位使者——一名身着工作服，由政府花钱雇佣的捕兽员。当他询问这里是否有需要消灭的危险动物时，人们不约而同地回答说“棕熊”。

于是，捕兽员用一头骡子驮上行李，向艾斯卡迪拉山进发了。

大约过了一个月，捕兽员步履蹒跚地带着那头驮着一张兽皮的骡子回来了。在山上，他尝试过各种方法，如毒药、陷阱等，但都不奏效。直到有一天，他在一条狭道上竖起一把将子弹上膛的枪，然后在旁边静静地等待着。果然，大棕熊撞上机关，带动了扳机，把自己打死了。

镇上只有一个大谷仓能放下这张兽皮并把它晾干。兽皮并不是完好无损的，而且在六月的天气里，兽皮开始发臭，这样看来它实在没什么价值。最遗憾的是，我们竟然没有留下一张完整的熊皮来纪念它，这实在是一种耻辱。最后，它只留下了那个被陈列在国立博物馆里的头骨，还有科学家们对它拉丁文名字的争辩。

发生这么多事之后，我不禁开始反思：究竟是谁制定了“进步”的准则。

自从上帝创世以来，艾斯卡迪拉山就一直被时间侵蚀着，它不断地被消耗和重建，最终只构建了三样东西，一样是庄严的外表，一样是低等动植物群落，还有一样就是那只棕熊。

捕兽员只知道他为这里的牛群创造了一个安全的生存环境，却不知道他同样推倒了艾斯卡迪拉山这座宏伟建筑物的“尖顶”。

派遣捕兽员的政府长官是一位精通进化论的生物学家，他却不知道，“尖顶”和牛群一样重要。当然，他也不会预见到，20年之后这块产牛地将会变成旅游景区，人们对熊的需要反而大大超过了对牛排的需求。

国会议员们正在投票，决定用拨款来协助消灭牧区里的熊。他们被誉为拓荒者之子，他们在盛赞边远地区拓荒者的优越美德，而他们又在竭尽所能地终结这些边远地区的存在。

作为当地的林务官员，我们默许了这种消灭熊的行动。

当地的一位牧场主曾经在犁地时翻出一把匕首，上面刻着一个科罗纳多军队指挥官的名字。我们严厉地叱责西班牙人，叱责他们为了疯狂地追求黄金，不惜强制改变他人的信仰，并且滥杀印第安土著。但是，我们没有想到，自己也在指挥一场名为正义、实为侵略的捕杀行动。

如今，艾斯卡迪拉山依然静静地矗立在地平线上。但是当你远远地看到它时再也不会想起熊了，现在的它仅仅只是一座山而已。

# 天外飞石

[法国] 贝纳尔·韦尔贝

在巴黎的心窝上——卢森堡公园的正中央，有个“东西”刚好不偏不倚地一头砸了下来，它看上去像是一颗陨石。如果是真的，这可是破天荒头一次。在3月的这个清晨，它的到来让周围的建筑物都随着那一声巨响颤抖不已，犹如一颗炸弹在附近爆炸一样。

幸运的是，陨石是在清晨的时候掉下来的，没有伤到很多人，只砸到了三个早上起来散步的人。有人说他们是毒贩子，不然为什么这么一大早就跑到卢森堡公园来呢？不过还是有不幸的事发生了，有几位身体不好的居民住在附近，因为这突如其来的一声巨响，他们突发心脏病了。

“这实在是太令人惊讶了！”一位著名的科学家说道，“这颗陨石根本不像被抛过来的，而像被轻轻地放在了地上，所以才没有造成多大的破坏。”

然而，它还是带来了一个严峻的问题：从今以后，这块世界最著名的绿地中心就这样莫名其妙地多了一块直径大约70米的石头。马路上的人都被吸引过来凑热闹。

“哎哟！怎么这么臭！”人群中突然有人嚷道。

不错，这块陨石的确散发出了阵阵臭味。天文学家被紧急请到了现场，他解释说：“有时候陨石会穿过由大量硫化气体组成的星际云层，臭味很可能就是从那里带来的。”

有了这样一个爆炸性新闻，媒体立刻活跃起来，他们迫不及待地把这颗陨石命名为“太空排泄物”。人们在看过报道之后，都开始苦思冥想：得是多大的外星巨人才能拉出这么硕大无比的一坨啊！

令人更加郁闷的是，北风渐渐吹起，这股恶心的气味开始飘向南边所有的街区。居民们紧闭门窗也无济于事，空气中总是弥漫着那股令人作呕的臭味，那股浓厚的、呛人的、恐怖的臭味。妇女们开始拼命地往身上喷最浓的香水，男人们则干脆戴上了活性炭口罩，看起来和防毒面具差不多。即使在家里，身上的衣服还是会沾上这股顽固的恶臭，要想重新穿就必须用大量的水反复清洗。

臭味越来越令人窒息，人们不禁猜想，在这颗陨石的内部或许有一大团有机物正在慢慢腐烂……

没有人能在这样的臭味中泰然处之。鼻黏膜刺激无比，喉咙干燥冒火，舌头也变得非常沉重。感冒的人不敢用嘴巴呼吸，哮喘的人咳嗽不止。甚至连狗也发出了哀号，连苍蝇都被恶心得对它敬而远之。

开始的时候，陨石引起了全世界的关注，前往观赏的游客摩肩接踵。可是现在，这块“太空排泄物”却变成了巴黎乃至整个法国的最大难题。

当地居民纷纷搬迁，很快，卢森堡公园附近就空无一人了。星期天的早上再没人去跑步了，当地房租也从此一蹶不振。而且，这股臭气还在不断扩散，市内的居民都不得不迁居到离市中心越来越远的地方。

问题日益严重，路政部门不得不出手了。起重机、绞车等一起上阵，想要把这个庞然大物扔到塞纳河，好让它顺流而下，一直漂到大西洋里。至于是否会污染环境……现在已经顾不得那么多了。

“开始！”市长大声喊道。可是没有一台机器能吊起这块巨大的“排泄物”。大家又说，干脆把它炸了吧。可是陨石太坚硬了，想在上面划道痕都很难，更别说炸碎了。

如今看来，真的没有办法可以消灭它，只能想想怎么才能和它和平共处了。

这时，一名年轻的工程师弗朗索瓦·查威格诺尔说：“既然没有办法移动它，不如我们在它外面裹上一层混凝土，这样臭味就出不来了。”这么好的主意真应该早点想到！市长听完后，激动不已，立即下令，启动了这项工程。后来人们为这次行动冠上了一个形象的名字——“糖衣行动”。

最坚固的水泥和最快速的混凝土搅拌机源源不断地从全国各地运到了卢森堡公园内，陨石很快就被裹上了10厘米厚的外衣。然而，臭气还在不断向外渗透。于是，工人们又将混凝土加厚了20厘米。可依然没有效果。就这样，周而复始，陨石的外面被裹上了一层又一层混凝土。

这项艰巨的任务持续了一个月，陨石外面所包裹的混凝土足足有1米厚，远远看去就像是一个圆角大魔方，可惜的是那股臭味仍然存在。

“混凝土上的细孔太多了，外面需要用一种渗透性弱的物质。”市长当机立断地说。

查威格诺尔认为，石膏具有超强的吸附能力，它就像一块大海绵，可以把里面的臭味吸收得干干净净。于是，他决定用石膏尝试一下。

然而，不出意料，这次试验又失败了。于是，人们又在石膏的外面加上了一层玻璃棉，这样的外壁简直和房屋的墙壁一样了。

尝试的结果是大魔方变得有点椭圆了，可是臭味丝毫不减。

“我们需要的材料是绝不能让一丝气味放出去！”市长气愤地吼道。

大家听完，都纷纷皱起了眉头，上哪儿去找那种能封住臭味的材料啊？

“玻璃！”查威格诺尔兴奋地叫了出来。

对啊！玻璃！就是这种细致的、密不透气的材料，它肯定能制造出抵御臭气的最坚固的盔甲。

工人们又开始忙活了，他们把硅石融化成橘黄色的灼热熔浆，涂在那个巨大的“魔方”（混凝土、石膏和玻璃棉进一步增大了陨石的体积）上。

被玻璃包裹的陨石看起来就像是一颗晶莹剔透的圆球，尽管外形硕大无比，但线条很流畅，散发出一种莫名的美。最后，臭味彻底消失了，人们用玻璃结束了这场艰难的战斗。

居住在巴黎郊区的居民都搬回来了，防毒面具和炭过滤器也都被高高地抛向空中。街上到处都是大大小小的舞台，人们一起拥向街头开始了疯狂的庆祝，甚至还围在这个光彩夺目的圆球边跳起了法兰朵拉舞。

广场边的好几个强力探照灯照亮了圆球的表面，这样的庞然大物被巴黎人民亲切地称为“世界第八大奇迹”。而且，这样看来，自由女神像也只不过是一个矮小、简单的雕像，因为她在这颗大陨石面前实在是太微不足道了。

市长还为此发表了激情的演讲，他说："毋庸置疑，这颗巨大的圆球应该在拥有全国最好足球队的城市安家。"市长话音刚落，台下就掌声雷动。人们完全陶醉在这一刻的快乐之中，忘记了之前受过的罪。这位年轻的科学家弗朗索瓦·查威格诺尔被授予城市勋章，他站在这个大球旁边，微笑着面对眼前所有的参观者。人们不停地打出闪光灯，想让这一刻永远定格。

这时候，在太空中的另一颗星球上，珠宝商格拉普纳·乌维特还在思索着到底要不要收回他的垃圾。

"这简直太棒了！"半人马星来的女客户激动地说道，"这么美的养殖珍珠我可从来没有见过，您到底是怎么加工的啊？"

格拉普纳的嘴角露出了一丝微笑。

"这可是我的秘密。"

"您不再使用那些珍珠蚌了，是吗？"

"当然不用了，我发现了另外一种技术，可以让珍珠变得更有质感，更有光泽。虽然珍珠蚌也会分泌珍珠质来包裹杂质，但是制成的珍珠抛光效果就不是那么完美了。现在，您看我用新技术做的，多可爱啊！"

女客户瞪大了八只圆鼓鼓的眼睛，并把放大镜放在其中一只上，仔细观看。她发现这颗珍珠在幽蓝色的灯光下，闪耀着万道光芒，完美至极，简直没有比它更奇妙的东西了。

"那您是用什么工具做出来的呢？"女客户好奇地问道。

珠宝商故作神秘地说，他希望保守这个发明的秘密。不过，显然这时他的心里已经乐开了花，因为他那毛茸茸的大耳朵都激动得变紫了。最后，他架不住女客户的一再追问，还是悄悄地告诉了她。

“我用的是一种动物。他们虽然非常非常小，却比珍珠蚌更懂得怎么制造好珍珠。我能告诉您的就只有这么多了。您看，这件首饰您是现在戴上，还是先装在珠宝盒里？”

“装在盒子里吧。”

虽然珠宝商开出的价格十分昂贵，但是这位从半人马星来的客户实在是太喜欢这件珠宝了。她现在就计划好了，要在下次宴会时把这件首饰戴在她的胸前，她相信到时候一定会有意想不到的惊喜效果。

第二天一早，珠宝商格拉普纳·乌维特就迫不及待地向卢森堡公园的正中央又扔了一颗臭球，这次比上次的更大，“香”味也更浓，而且刚好还是在上次那个地方。

此外，为了增加生产，他又向莫斯科红场、纽约中央公园和伦敦皮卡迪里圆环广场各扔了一颗。他还计划在这颗小行星上每年养殖50～100颗这样的“珍珠”，因为这几乎不需要成本，只要在商店里买几个臭烘烘的球就行了。他相信用不了多久，自己就可以发大财了。虽然，每次工作之后，他的手上也会沾上那讨厌的怪味，他需要非常仔细地洗手才能把它除掉，不过这也值了。

半人马星的女客户戴上那颗“珍珠”后，果然引起了轰动。她的朋友们都对那件珠宝赞不绝口，纷纷询问出处，并表示自己也要买一颗同样的“珍珠”。

# 一闪一闪亮晶晶

[美国] 菲利普·普莱

## 不顺利的观测

那是在1990年，我正为我的硕士学位论文忙碌着。那天，我本打算做一些观测，天上却下雨了，整个下午都是大雨倾盆（这对于9月的弗吉尼亚山脉来说显得很不寻常）。于是，我只能在天文台里等待，等着天空放晴，然后拍摄一些高水平的图像。

我的运气似乎并没有那么差，几小时之后，乌云就散开了。我马上投入工作，很快就发现了一颗明亮的星星。我将望远镜对准了它，然后开始仔细地调焦。但是，无论我将焦距拉近或者推远，计算机上的星像总是不够清晰。我尽可能地尝试了各种办法，结果都无济于事。

没有办法，我只能跑到外面对着星空长长地叹了口气。这是一种很常见的习惯，任何一位在小黑屋内关了3小时的天文学家都喜欢这样放松自己。

此时的天空中，我选中的那颗明星正高高在上地向我眨着眼睛。我注视着它，它却一抖一抖地闪着光，有时候还会调皮地改变

一下颜色。忽然，我明白了为什么我观察到的都是模糊不清的星像。这并不是因为我的望远镜出了问题，而是大气层遮挡了我的视线。于是，我又静静地等了几个小时，可还是没等到自己想要的效果。最后，我只能无功而返，准备在第二天晚上继续尝试。

### 闪烁的秘密

寂静的夜晚，在天鹅绒般的夜幕下，没有人不曾赞美过那些星星。它们如此灿烂，如此遥不可及，也如此……不安分。

星星总是一闪一闪的，它那幽幽的光芒若隐若现，就像在跳舞一样，摇曳不定。而且，它们还喜欢变换颜色。你瞧！转眼之间，它们会从白色变成绿色，然后又变成红色，最后又回到白色了。

不过，有的星星不会这样。它更加明亮，并且永远都是不变的、白色的光辉。那么，它为什么就不闪呢？要是你这么说出自己的疑惑，旁边的人也许就会沾沾自喜地说："因为那是一颗行星。只有恒星会闪，行星是不会闪的。"

此时，如果你想挫挫他们的锐气，就接着问为什么恒星会闪烁。这样一来，他们多半只能是哑口无言了。其实，无论如何他们的结论都是错的。和恒星一样，行星也会闪烁。只是它闪烁得很少，肉眼难以分辨，所以看起来没什么差别。

现在，要想揭开星星闪烁的秘密，还得从大气层说起。

地球外围的大气层对地球有着非常重要的作用。比如，我们能够呼吸，纸飞机能够飞起来，脚踏车上的风车会迎风转动等，都需要大气层的帮助。虽然我们对大气层非常偏爱，可是有时候天文学家反而希望它不存在。因为，在天文观测中，大气层真是一个很大的障碍。

如果大气层一直是稳定的、静止不动的，事情就容易多了。可事实恰恰相反，大气一直都是处在不停的运动之中。它分为很多层，每层都有不同的温度，而且每层都会以不同的方式流动，这就是星星闪烁的原因所在。

大气最令人头疼的一个性质就是它会使光线弯曲，这种现象我们在生活中曾无数次见到，物理学上称它为折射。当光从一种介质传播到另一种介质时，比如从空气到水中，或者从水到空气中，光就会发生弯曲。又比如，当你把汤匙放进一杯水里，在空气与水接触的地方，汤匙看上去就是弯的。实际上，弯曲的并不是汤匙，而是从水中出来进入空气中的光。如果你在小河里捕过鱼，那你一定会有切身的体会：你在观察时必须排除折射带来的弯曲现象，否则你很有可能空手而归。

在大气中，光的传播也是如此，当它从一个区域进入另一个密度小一点的区域时就会弯曲。比如说，热空气就比冷空气密度小。在高速公路上，黑色柏油附近的空气要比更上层的空气热一些，光从这几层空气中穿过的时候就会发生弯曲。所以，在夏天烈日当空的时候，高速公路的表面看上去像是液态的，闪烁不定，有时候甚至能看到从大气中反射出来的汽车图像。

一般情况下，地面上的大气会比较稳定。不过在我们头顶上的高处，情况就不一样了。在几千米的高空中，大气一直在不停地流动。气胞，就是很小的空气包，也在来回飘动。每个气胞大约有几十厘米宽，当光线穿过气胞时，就会发生小小的弯曲。

这就是星星闪烁的原因。星星持续不断地发出亮光，光线要走很多光年才能来到地球上。如果没有大气层的阻隔，星星的亮光就会笔直地照进我们的眼中。

但是有了大气层，星光的旅途就平添了很多“麻烦”。它们在穿过大气层时，一定会从那些气胞中进进出出，每个气胞都会使光线发生微弱的弯曲，其方向是随机的。光线的传播速度很快，它每秒钟都要穿过数以百计的气胞，而每一个气胞都会使它改变路径，这样的改变非常迅速，所以光线看起来就像是在跳跃一样。我们从地面上看的时候，星星非常小，比气胞要小得多，它们的光线随机地发生弯曲，看上去到处都在欢快地跳跃，这就是星星闪烁的现象！

### 大气的视宁度

不过，天文学家不会用“闪烁”这种通俗的名词来称呼这种现象，他们习惯称它为视宁度。这个称呼早在数世纪前就已出现，并且一直流传到现在。天文学家会通过测量星星的视尺寸，来确定某天晚上的视宁度到底为多少。星星闪动得非常快，我们在图像上只能看到模糊的圆盘。视宁度越差，圆盘看上去就越大。通常情况下，夜晚的视宁度为2角秒[1]。作为参照，月亮直径大约2000角秒，裸眼能分辨出直径约为100角秒的圆面。一般来说，观测行星最好的视宁度为0.5角秒。不过实际的数值很可能比这个大得多，这取决于大气流动的速度。

此外，视宁度并不是一成不变的，它还会随时间变化。有时候，大气会突然平静几秒钟，这时星像的圆面会明显收缩，星光会集中到一个更小的区域内。

有一次，我正坐在望远镜前寻找一个星云中非常暗淡的中央星，它正好处在那架望远镜的极限可见度之内。在我观察了几分钟

[1] 角秒：测量角度时使用的单位。1度=60角分=3600角秒。角秒还可细分为毫角秒和微角秒。

之后，视宁度突然稳定了片刻，我的视野中马上出现了一颗明亮的星星，它正散发着浅蓝色的幽光。可惜转瞬之间，视宁度又变得非常糟糕，那颗星星很快就消失了。不过能亲眼看到这样一颗星星，也足以让人惊讶不已了。

那么，行星为什么不会闪呢？是因为行星很大吗？事实上，它们要比恒星小得多，不过离我们也近得多。你只需用双筒望远镜就可以看到木星是一个大圆面，然而就算你用世界上最好的望远镜观测夜空中最大的恒星，它在其中看起来也只是一个小圆点。

同恒星一样，木星同样受到视宁度的影响。木星的圆面也一直在动，只是由于它的圆面太大，微弱的移动与它自身的大小相比实在要小很多，几乎很难察觉，所以木星不可能像“小个头”的恒星那样快速闪烁。如果一定要说变化，那就是它的边缘会有些细微的模糊，但是整个星球看起来还是静止的。所以，从某种程度上来说，木星的图像并没有受到大气流动的干扰。

不过这样的情况并不是绝对的，在某些特别糟糕的环境下，就连行星也变得闪烁了。在刚刚下过暴雨的夜晚，空气可能会变得很不稳定。如果此时又碰上行星刚好走到了太阳的后侧，那么它看起来就会特别小，闪烁得也就更快了。要是天空中连行星都开始闪烁，那就足以说明那晚的视宁度绝对是糟糕透了，任何观测活动都将无法进行。

此外，从不同的角度观测星星，闪烁的强弱也不同。当一颗恒星刚刚升起或落下时，如果你恰好在地平线附近，那么你看到的星星会闪烁得更加疯狂。因为大气层是弯曲的，在水平观测时，我们和恒星之间有更多的气胞，所以光线必须穿过更多的阻碍才能到达我们眼中。与此不同的是，如果你正好从城市的上空看去，大气可能会更加稳定。因为城市上空一般都有一个烟雾层，它可以使视宁度保持稳定，或许这也是它们唯一的用处。

在折射现象中，不同颜色的折射程度也不尽相同。例如，绿色和蓝色的光比红色的光弯曲得更加厉害。在视宁度很差的情况下，星星不仅会闪烁，还会变色。比如，天狼星是夜空中所有恒星里最明亮的一颗，我们用肉眼观察，它一般都是不变的白色，而当它低垂在天边的时候，它就会剧烈闪烁并迅速变换着颜色。我曾经有好几次亲眼见到过这种景象，实在是很迷人。

不过，这样的事情有时会带来麻烦。假设在某个夜晚，你正驾车行驶在一条僻静的公路上，突然发现有一个明亮的东西在尾随着自己。你好奇地看着它，会发现它一边在疯狂地闪烁，一边还在变换着颜色，由橙变绿变红再变蓝！此时的你也许会想：那是一个太空飞船吗？我会被外星人劫持吗？

答案当然是否定的，这只是我的一句玩笑话。但是，这个故事是不是听起来非常耳熟呢？许多描写UFO的故事都与此类似。然而，事实的真相是因为恒星离我们太远了，所以我们在行驶时会觉得它们在尾随自己。而且它们还会闪烁着改变亮度和颜色，这又平添了很多神秘色彩。只要作者再加上一些夸张的想象力，UFO的故事就可以完成了。每当我听到类似的UFO传说时总是觉得非常好笑，不过转念一想，尽管它不是UFO，但它确实来自地球之外。

### 摆脱视宁度

诗人和作曲家会从闪烁的星光中获得创作的灵感，可是在天文学家看来，它们是个大麻烦。为了提高观测目标的分辨率，我们设计出了大型望远镜，然而有时候也无济于事。

假设有这样两个天体，其中一个的尺寸比另一个大一倍，但它们都小于某个夜晚的视宁度。当我们用望远镜观测时，它们会变成同样大小的模糊圆盘，我们根本无法辨别哪一个更大。因此，我们能够观测和精确测量尺寸的天体有一个尺寸下限，任何小于这个下限的天体都会变得模糊，在图像上显示出来的圆盘也会更大。

更让人郁闷的是，有些离得很近的天体会因为视宁度而模糊到聚在一起，即使是望远镜也无法区分。可以说，视宁度在很大程度上限制了我们所能观测到的最小天体。

不过，在实际应用中，我们可以用一些方法来避开视宁度的影响。其中一种方法就是越过它去观测。当我们将望远镜安装在大气层之上时，它就再也不会受到视宁度的影响了，这也是为什么我们要将哈勃望远镜送入太空的根本原因。由于哈勃太空望远镜与它所研究的对象之间没有大气层，它的视野就不会受视宁度限制，它对目标的分辨率会远远高于在地面上工作的望远镜。可是，发射一台太空望远镜的价格十分昂贵。与地面上的望远镜相比，建造一台太空望远镜的成本约是后者的十倍。

另一种避开视宁度影响的方法是对观测目标进行非常快速的曝光。这需要曝光的速度足够快，以便在流动的大气将星像变得模糊之前将画面定格，就像对一个高速运动的物体快速曝光一样。比如，对一辆赛车曝光一秒得到的画面一定会非常模糊，但是曝光万分之一秒得到的图像就会非常清晰。对天体的曝光也是如此，不过天体在图像中的位置会因光的折射而变动。因此，天文学家会对一颗星星进行数百次甚至数千次非常快速的曝光，然后用计算机将这些图像叠加在一起，这样就可以得到这颗星星更详细、更准确的图像。历史上，除太阳之外的恒星的第一张可分辨图像就是利用这一技术获得的。那颗恒星是红超巨星心宿二，它的图像已不再是一个光点，虽有点模糊，但仍然可以分辨。

不过这项技术有一个重大的缺陷，那就是它只适用于明亮的天体，暗淡的天体就无法在快速曝光时间内被拍摄下来。所以，这一方法的实用性受到了很大的限制。

此外，第三种避开视宁度影响的方法可以确保获得令人惊喜的图像。假设观察者可以估算出大气层会使星像发生怎样的扭曲，那么只要改变望远镜的反射镜形状就可以抵消这种影响。这就是自适应光学技术，即望远镜的光学系统可以适应视宁度的变化。这种过程是通过一个与活塞杆连接的小活塞完成的，它位于望远镜的反射镜后面，学名叫触动器。在需要的时候，活塞杆推动反射镜，使其改变形状，直到能够弥补视宁度所带来的影响。另一种方法就是使用一组六边形反射镜，它们每一个都有自己的触动器。而且小反射镜与大反射镜相比，不仅制作过程简易得多，价格也更加便宜，因此这种技术被广泛应用于各种大型望远镜。

事实证明，效果确实是出人意料的。天文学家用加拿大—法国—夏威夷3.6米望远镜（CFH）拍摄了一组密近双星的图片。当他们关掉自适应光学系统时，图像上只能看到一个模糊的、被拉长的小光斑；而当他们开启了自适应光学系统，矫正了视宁度的影响之后，两颗靠近的恒星就被轻而易举地分离开来了。最后，再用计算机作进一步处理，这样观测结果将更为清晰。双星仅被分开约0.3角秒，这个视大小相当于从15千米外看到的一个25美分的硬币的大小。

欧洲南方天文台（简称ESO）在智利有若干架使用了自适应光学系统的望远镜，其中有一架名为甚大望远镜（VLT）。虽然它的名字毫无诗意，但它确实非常清楚地让人们见识了这个巨大的、口径8米的拼合式正六边形反射镜。实际上，它由4架这样的望远镜组成，并且各自配备了自适应光学系统，因此它所拍摄的图像堪比哈勃太空望远镜。

不过，自适应光学系统也并非绝对完美，它的缺陷就是视野狭窄，每次曝光都只能看到天空中很小的一片区域。尽管如此，我相信随着技术不断改进，自适应光学系统的可观测区域也会得到很大的改善。最后，所有的望远镜都可以配备自适应光学系统，并用来观测更大的天区。

以后，你若在晴朗的夜晚外出散步，一定可以看到天空中的星星都在愉快地跳着舞蹈。那时，也许你会记起，闪烁的星星虽然看起来十分简单，其实它的身上有着非常复杂的起源，而人类围绕它所做的种种研究同样是困难重重。

或者，你什么都不用去想，只是和平常一样注视着那些闪烁的星星。这也一样OK啊！

# 另当别论

［美国］弗雷德里克·波尔

我独自坐在铁床的边上沉思着，床上的褥子是用另一条被子充当的，显然这非常不舒适。不过，现在的我正面临着比这要麻烦得多的事情。

很快，我就会被转移到附近的监狱里去，再过一段时间，我还会被投进死牢。虽然这一切都会有一套法律上的审判程序，但我知道那些都只是形式而已。因为我不仅在犯罪现场被逮住，而且我对这一切也供认不讳，证据确凿，实在是不容置疑。

我的罪名是蓄意谋杀我的朋友拉里·康诺特，他曾经还是我的救命恩人。我尝试着提出了一些辩护理由，希望能减轻自己的罪行，不过法官对此不屑一顾。

我和拉里是多年的老朋友了，后来恰逢战争，我们才不得不分开。值得庆幸的是，若干年后我们竟然在华盛顿重逢，只是我们的关系似乎有点疏远了。我们各自谈起了这段时间内的经历，他说自己找到了理想的事业，已经为它奋斗了很多年，至于工作的内容他却对我秘而不宣。原来的我也曾有过一番雄心壮志，不过在解剖学上一无所成的我，终是和科学没有缘分。事实上，当我刚踏进解剖所的时候，我对医学的兴趣就一落千丈了。我倒不是讨厌那些死尸，只是觉得解剖所里没什么意思，所以我从来没有获得过任何职称或学位。不过，这些对于一个参议院的警卫人员来说也没有什么太大的用处。

这个职业虽然听起来不大体面，但我从不以当警卫而羞愧。而且生活中确实没什么可耻的地方，我甚至还非常喜欢这份工作。在警卫人员面前，参议员们的顾虑会少很多，态度也十分友善，我们还时常会听说一些关于政府内幕的秘闻趣事。若从个人利益方面来说，那些急于猎取新闻的记者和小官员们也常常有求于我们，他们希望能从我们无意说出的只言片语中获得某些重要信息。当然，在议会进行重大辩论的时候，还会有游客希望通过我们的帮助，待在大厅的回廊中亲身体验整个过程。

比如说，我和拉里·康诺特的故事就是这么开始的。我和他在街上偶然相遇，彼此寒暄之后，他就问我能否为他办张议院的通行证，好让他参观外交政策辩论。我爽快地答应了，第二天就打电话告诉他，一切都已办妥。

那天，国务卿刚刚上台发言时他就进来了，我能看出他小小的眼睛里充满了激动和满足。谁知，接下来却发生了一件令所有人都无法忘记的事情：一阵突如其来的巨大喊叫声打破了这里的平静，三个来自中美洲的恐怖分子冲了进来，想用暴力手段对我们的政策施加压力。他们中有两人手持短枪，另外一个小个子拿着手榴弹。我们已有两名参议员和一名警卫在枪战中受伤了。当时我和拉里正并肩站着，我立刻扑向了那个拿着手榴弹的小个子，把他掀翻在地，手榴弹也滚落到一边。我正想抓住它，却发现它已经被拉开了拉环，眼看就要爆炸了。正当我有些犹豫的时候，拉里突然趴在了手榴弹的上面。

事后，各种新闻报道接踵而至，我们两人被吹捧成了英雄。他们赞叹说：那简直就是一个奇迹！拉里在全身扑在手榴弹上时，还来得及把它从身下扔出去，使它的爆炸没有伤害到任何人。

没错，弹片确实没有伤到任何人。报纸上还说，爆炸的冲击力还是使拉里失去了知觉。这也没错，拉里整整昏迷了6天才醒过来，而且在这之后的一天一夜里他都处在半梦半醒的状态之中。

直到他醒来后的第二天晚上，我才去医院探望他。他对我的到来感到非常开心。

"我们现在可都成新闻人物了。"他亲切地和我打招呼。

"拉里，谢谢你救了我的命。"我说。

"这没什么，迪克，你不用放在心上。我当时扑上去完全是出于本能，我们两个只是运气好罢了。"

"这几天报上都在说，你做得太棒了，动作急如闪电，快得让人根本看不清楚整个过程。"

"在那样千钧一发的时刻，过程只在转瞬之间，别人当然无法看清那里的一切。"他漫不经心地说道。

"不过我看清了，拉里。"

他的小眼睛一下子缩得更小了。

"当时，我正好处在你和手榴弹之间，你不可能从我的头上越过去，也不可能从我的侧面扑上去，更不可能穿透我的身体。但你确确实实地扑在了那颗手榴弹上面。"

拉里沉默着。

"还有，手榴弹其实是在你身体下爆炸的，因为我看到你被气

浪掀起来了，莫非你穿上了防弹背心……”

“忘了那些事实吧，”他轻轻地咳了一声，“那……”

“把你的‘事实’扔一边去，朋友。我想知道这究竟是怎么一回事？”

他慢慢地揉了揉眼睛，不知所措地说：“我不知道，报上说，手榴弹爆炸是在几……”

“让那些报纸见鬼去，”我轻轻地打断了他，“要知道，我就在现场，而且我的眼睛一直没有闭上。”

拉里·康诺特在椅子上缩成了一团。他虽然个子小，但是他在我印象中也从来没有像现在这样渺小过。他用一种异样的眼神看着我，仿佛我就是希腊神话中的复仇女神尼密吉达的化身。

片刻之后，他突然放声大笑。那是一种幸福的笑声，这让我不由自主地哆嗦了一下。

“好吧，迪克，我想这种捉迷藏似的游戏也该结束了。当时的我失去了知觉，而你却睁大了眼睛……反正这件事我迟早要告诉某个人，为什么不直接告诉你呢？”

后来我所听到的一切都记在这本临别笔记中了，我只是省略了一个细节，却是一个非常重要的细节。无论何时何地，都没有人能从我这儿得到它，我也不会让任何人再知道它。

拉里接着说：“我不会不知道，你迟早会回忆起我们在咖啡馆里的那次夜谈，我们曾不知疲倦地争论着上帝和宇宙的问题。而且我相信，你是不会忘记这事的。”

的确，我没有忘记。至今我还清楚地记得我是那样不留情面地抨击他那些荒谬的观点和假设，而他也在固执地为自己辩解。其中有一个观点特别荒诞无稽，拉里却想要亲自证明它……

现在，我的脑海中有些茫然了。

我开始努力地回想着他说过的所有论断，然后字斟句酌地说：“那时你曾断言说，什么总有一天人类能通过意念来掌控……什么心灵力量。你说将来人类可以不借助任何机械，甚至连手指头都不用动，就能靠我们思维的力量使自己瞬间到达任何想去的地方。总的来说，你觉得人类的意念没有什么做不到的事情。”

“天啊！那时的我可真是个乳臭未干的小子啊！”拉里感慨不已，开始陷入沉思之中。

我没有去打断他的思考，因为此时的我也没有理清思绪。

“自然，”他重新说道，“人类的意念本身并没有这种功能。那次我所讲的一切，都只是空想家天马行空的大话而已，并不是科学家们经过数以百计的实验所证实的结论。不过在某些方面我说的还是对的，因为我找到了它们的正确答案。世界上确实存在着某种……就算是某种技术手段吧，人类只要借助于这种手段，就可以使自己的思维像平时干体力活那样工作。人只要掌握了这种手段，就能真正地战胜自然了！”

他的话语中带着某种异样的语气，眼神中也闪现出了熠熠的光彩，这使我开始相信他确实已经从大自然那里获得了某种伟大的奥秘。这一次，我对他的话十分信服，即使没有发生前阵子的参议院事件，也是如此。

拉里继续说道：“人类只要掌握了这种手段，就可以无所不能。你知道吗，迪克？绝对万能！只需要一秒钟，你就可以飞越大西洋，而且你也亲眼目睹了控制即将爆炸的炸弹。事实上，这是在做功，和其他任何做功一样，必须消耗一定的能量，这是一条谁也无法回避的自然法则。所以，我才会整整瘫倒这么多天。即使到了今天，想要在瞬间中和掉被释放出来的巨大能量也是非常困难的。相比之下，使飞行中的炮弹偏离轨道就显得容易多了。而且我可以轻而易举地将枪膛中的子弹取出来放进自己的口袋里，使射击失效。只要你愿意，迪克，任何距离都不是障碍了。”他的眼中满满的都是自豪，“你可以看到那些价值连城的英国豪华的皇家王冠就在眼前……”

“也就是说，你可以预见未来了？”我问。

他皱了皱眉，无奈地摇摇头说：“为什么要用这种腔调说话，迪克？我是在探讨严肃的课题，不是在招摇撞骗……”

“那你能读出别人心里的想法吗？”

“看来，你还没有理解我这次谈话的内容。这点我现在还做不到，以后有时间也许我会好好研究一下。不过，眼下还不行。”

“那你能先表演一个眼下能办到的事情吗？”我请求道。

他开心地笑了，我知道他一定是对我们这次谈话感到非常满足。这十多年来，他向所有人隐瞒了自己的秘密，每一次探索和实验都是在孤独中完成的。这其中有着太多的期望和失望，从最初模糊的想法到现在真正成了现实，一直都是他一个人在承担。如今，他需要为自己的满腔激动找一个发泄的机会，所以他也一定在庆幸着终于能向人揭露他所做的一切。

“让我想想，表演什么好呢？”他慢慢打量着房间并点点头，“看着窗户。”

窗户自动被打开了，继而又重新关上了。

“收音机。”拉里说。

这台小小的设备突然活跃起来，先是“咔嚓咔嚓”响了一会儿，接着一个按键落下去之后，刻度盘亮了起来，音乐也随之而起。

"注意看！"

音乐戛然而止，收音机突然消失了，但马上又在原地出现，只是电源线已离开插座，掉在了地毯上。

拉里满不在乎地说："它大约已去过像喜马拉雅山那样的高度，关于这个小东西……"

话音未落，地上的电源插头自己跳了起来，直奔插座而去。可它突然又停了下来，重新"啪"的一声落到地毯上。

拉里似乎改变了主意："迪克，我现在就给你来点真格的。你看着收音机，我可以让它在无电源的状态下工作，只要加强电磁振荡就……"

拉里专注地盯着收音机，一瞬间，又是一瞬间，指示灯亮了，喇叭里传出来一声"咝咝"响声。我蓦地从椅子上站了起来，正好站在拉里的后面。

我拿起身旁桌子上的电话机，一下子打在拉里的后脑勺上，他身体一软马上晕倒在地。我又重重地打了他两下，好让他一时半会儿醒不过来，然后才把电话放回原处。

接下来，我开始拼命检查，终于在他的书桌里找到了一本笔记本。上面记录了怎样才能获得他具有的那种能力，这也正是我要找的。我留下了关键的两到三行的内容，其余都付之一炬了。

我拿起电话报了警。当我听到他们的警笛声响起之后，就掏出随身携带的公务手枪，朝拉里的喉间开了一枪。当警察破门而入时，拉里的身体早已变得僵硬了。

我问心无愧。在法庭上我也曾努力解释为什么要这么做，虽然我自己也不相信陪审员们会认可这样的理由。

在那关键的内容里，记载了怎样获得和拉里·康诺特同样的能力。所有识字的人都能看懂他的公式，无论是正直的人、邪恶的人、卑鄙的人、罪犯，甚至是精神病患者等，只要读过那些内容，都能学会怎么去做。

我可以肯定拉里·康诺特是一位正直的幻想家，我们从小就是朋友，他的为人我一清二楚。就像人们常说的那样，必要时我连自己的生命都可以托付给他。可是，要知道现在所牵涉的事情要比这严重得多！

因为，这不仅仅关系到他的生命，也不仅仅关系到我的生命！

谁敢相信那些一夜之间成为像上帝一样的人呢？设想有人掌握了这唯一的秘密，他能穿越任何障碍，进入任何密室，闯进任何一家银行的保险库，而且他还不怕任何一种武器……如果真有这样的人，那么事情将会如何呢？

人们常说，权力应该分散，绝对的权力更应该绝对地分散。如今，我们还能想象出比拉里所掌握的更大的绝对权力吗？一个无所不能而又不惧怕任何惩罚的人，该是多么可怕啊！虽然拉里是我的朋友，但我依然非常冷静地杀死了他。因为我知道，不管是谁掌握了成为世界主宰的能力，我都不能让他活在世上。

至于我自己——当然是另当别论了。

# 地图：万水千山寻路难

[美国] 亨德里克·威廉·房龙

当你准备去一个地方的时候，你最先要准备的就是一张地图。有了它的帮助，不管你去的地方有多远、多偏僻，都不是问题。不过，在遥远的古代，人们还不知道地图究竟为何物。

古巴比伦人非常精通几何学，他们就曾对巴比伦王国进行过一次全面的测绘。那次事件大约是在公元前3800年，也就是摩西[①]诞生前的2500年，离现在已经相当久远了。考古学家在那里发现了一些绘有图画的陶片，他们推测那可能就是古巴比伦疆域的轮廓，但还不是现代意义上的地图。古埃及的统治者也曾测量过全国的土地，不过他们是为了更方便地榨取劳动者的血汗。那时的埃及人已经掌握了丰富的应用数学知识，所以才能完成这项艰巨的任务。不过，直到今天人们也没有在古埃及法老的墓穴中找到真正的地图。

古希腊人有着非常旺盛的求知欲，所以他们也曾讨论过地理

①摩西：公元前13世纪的犹太人先知，曾带领在埃及做奴隶的以色列人到达神所指引的有着奶和蜜的地方——迦南。摩西曾写下《十诫》让他的子民遵守，《旧约圣经》前五本也是他所作。

问题。据说在一些商业比较发达的城市里，就出现过雕刻着航行路线的青铜板，它可以指引商人们抵达地中海诸岛。只是如今这些青铜板难觅踪迹，同样成了一个谜。伟大的亚历山大大帝派遣马其顿军团去寻找黄金，并令先头部队负责探路。他们准确地报告了队伍距离印度金矿的路程，由此可见亚历山大大帝有着领先的“地理意识”。可惜的是，从相关遗迹、残片和线路中，都没有发现我们所能理解的地图。

罗马人素来喜欢劫掠，可以说是组织最完善的“正规强盗军”。他们走到哪儿就占领哪儿，把路修到哪儿就把税征到哪儿。他们是极其残暴的征服者，而被征服者不是被绞死在绳索上，就是被钉死在十字架上。罗马人修建了众多的泳池和庙宇，当然也造就了一处处废墟，供当地人民凭吊。统治一个庞大的世界帝国，罗马人也许并不需要地图的帮助。他们的作家和辩论家常常夸耀他们的地图如何精确，如何可靠。然而，事实真的如此吗？我们有幸得到了唯一一张2世纪的小型罗马城规划图。那是一张既简陋又粗糙的地图，看起来毫无研究价值，只能是作为古董收藏而已。

当古登堡改进印刷术之后，有一个叫康拉德·坡廷格尔的人就想利用印刷机大量印刷罗马地图。遗憾的是，他没有得到罗马地图原件，所以只能将就着使用一张3世纪地图的13世纪复制品。那张地图已经有1000岁了，老鼠和蛀虫也不知道已经光顾它多少次了，这样印刷出来的地图也只能是不完整的产品。

即使如此，以坡廷格尔命名的古地图基本与原件相仿。如果那张3世纪的地图果真是罗马人的杰作，那么他们的地理知识真的需要进一步完善。因为地图上布满了像面条一样的曲线，和现在的地图根本不能同日而语。

中世纪的地图就更不值一提了。在他们看来，知道通往天堂的路才是最重要的事，除此之外，就算知道了从莱茵河口到多瑙河口的最短距离又有什么用呢！教会对所有与上帝无关的科学都深恶痛绝。所以，地图上就出现了无头的魔鬼、喷水的巨鲸、半鹰半马的怪兽、海妖、美人鱼……总之，人们能想出什么样的怪物，地图上就能画出什么样的怪物。而且，在他们的地图上，耶路撒冷理所当然地成了世界的中心，印度和西班牙成了世界的边缘，苏格兰是一座孤零零的小岛，巴别塔即通天塔，足足有10个巴黎城那么大。

和中世纪的地图相比，波利尼亚人编织的地图显得十分小巧，却非常精确和实用，堪称航海家的杰作。那时，中国人和阿拉伯人的地理学成就更不用说，只是他们一直被视为异教徒，被排斥在以欧洲为中心的世界以外。到了15世纪末，航海业终于发展成一门科学，自此地图的绘制工作才有了实质性的进展。

当土耳其占领了欧洲和亚洲之间的桥头堡之后，欧亚之间的陆路交通被迫长期中断。于是，人们纷纷改走海路，开始寻找一条能通向印度的海上通道。航海是一段漫长而又危险的旅程，一路上相伴他们的只有蓝天和大海。说起来，那时人们辨认方向的方法实在可笑：利用陆地上教堂的尖顶或者努力分辨沿岸的狗叫声。当然，现在这一套早已被淘汰了。

古埃及人最远抵达了希腊的克里特岛，不过那并不是一次精心策划的拜访，而是海风和他们开的一场玩笑。腓尼基人和希腊人都野心勃勃，他们最远竟然到达了刚果河和锡利群岛附近，不过他们一旦离开教堂的尖顶就分不清东南西北了。夜里要是不把船拖上岸，他们甚至连觉都睡不安稳。当然，这是人之常情，因为停泊在海面的船只随时都有可能被风吹到大海中央，在那可是根本看不见陆地的。中世纪的商人也是如此，虽然他们的航线可能遍布北海、地中海和波罗的海，但是只要他们一连几天看不到岸边的山脉就绝对会担心得受不了了。

这些商人航海时都会随身携带救命的法宝——鸽子。一旦他们在大海上迷失了方向，他们就会放飞一只鸽子。鸽子会自动沿着最短的路线飞向陆地，大船就尾随它一直航行，直到看见岸上的山顶。接下来事情就容易多了，他们可以将船驶入最近的港口停泊，然后再去慢慢打听自己究竟到了哪里。

不过，中世纪的人有一点让现代人望尘莫及，那就是他们非常熟悉天空中星星的分布。那时候稍微有见识的船长都可以通过观察星星来辨别方向，或者根据北极星和其他星座的位置来确认航线。可是，他们一旦碰到北方多云的天气，这种办法就完全没有用武之地了。要是在13世纪下半叶，指南针没有从东方传到欧洲，航海还不知要付出多少痛苦的代价。

然而，人们发现除了在某些地方之外，指南针并不总是指向正北的，有时偏西，有时偏东，这就是现在人们所说的“磁差”。因为，磁场的南北极和地球的南北极不是重合的，它们相差数百英里，这就是磁差产生的原因。磁北极[1]位于加拿大北部的布西亚岛，磁南极位于南纬73°、东经156°的交叉点上。

磁差的存在使得辨认方向又变得复杂了。船长除了需要一个罗盘之外，还需要一张标明各地磁差的航海图。总之，航海学确实是一门高深的学问，仅靠几句话肯定解释不清。但至少我们知道正是

---

1 磁北极：文中所提到的南北磁极的位置是作者写作本文时的数据。地球磁极处在不断变化之中，1980年测出的磁北极位于北纬77.3°和西经101.8°，磁南极位于南纬65.6°和东经139.4°。

指南针的发明才使航海成为一门有章可循的学问，而不只是依赖于侥幸的猜测和复杂的计算。

但是，这仅仅是个开始。

现在，人们可以很方便地借助罗盘上的32个方向知道自己的航向：正北、北偏东、北—北偏东、北—东偏北……不过，中世纪的船长可不会这么走运，他们通常只有两种工具：测海绳和测速器。

测海绳是用来测量海水深度的。船长可以从测海绳那里得知附近的水域状况，然后再根据航海图上所标明的海洋深度来确定自己的航行方向。

测速器是用来测量航船速度的。最早的测速器是一块木片，船员把它从船头抛入水中，记录下船尾通过这块木片时的时间，再用船头到船尾的长度除以时间，就得到了船的航行速度。这是一个非常简单的除法运算。

后来，没过多久，简陋的小木片就被绳子取代了。这可不是一根普通的绳子，它每隔一定长度就打上一个结，尾部还系了一块三角形木片。测速时，一名船员把绳子投入水中，另一名船员同时打开沙漏——古代计时仪器。等沙子漏完之后，前一个船员就把绳子从水里捞上来，并数出共有多少绳结下到水中。沙子漏完的时间是固定的，一般为两三分钟，而每一个绳结代表一海里，这样船员只需通过简单的运算就能测出船速了。

可是，海上的天气瞬息万变，潮汐、海流、海风等都有可能扰乱航向和航速。即使有了罗盘，每一次航海也同样是危机四伏。所以，人们需要重新找一个参照物，它既不是教堂的尖顶，也不是岸边的狗叫，而是一个固定不变、准确无误的参照物，它必须要符合科学规律……

经过艰难的数学计算，人们终于找到了一个稳定的参照系——经度和纬度。简单地说，经度是指地球表面东西向距离的度数，纬度是指地球表面南北向距离的度数。

纬度的概念是在16世纪初由地理学家发明的。我们可以假设地球是一个直立的西瓜，然后用想象中的刀从正中将它横向切开，于是地球就被分成了南半球和北半球。中间的切面从上看是一个圆形，从旁边看就是一条线，地理学家将这条线称为赤道。接下来你可以继续切南半球和北半球，每个都等分成90份，这样就有了平行的圆圈，每两道之间的距离是69英里，也就是极点到赤道的距离的1/90。

接下来的事情就容易多了。地理学家从赤道开始分别为这些圆圈编上号，赤道是0°，两极是90°，这样纬度就标好了。

纬度的发明绝对能称得上是地理学的一大进步，只是经度的发明我们还得再等上200年。因为确定纬度比较容易，科学家可以用两个固定点——南极和北极作参照。而地球既没有东极，也没有西极，这样沿着地球的南北方向可以画无数的圈，但我们不知道哪条能像赤道那样成为大家公认的分界线。

传统观念中，耶路撒冷被认为是世界的中心，所以有人提议把经过耶路撒冷的经线作为本初子午线，即纵向的“赤道”。不过这个计划很快就破产了，许多国家强大后都觉得本初子午线应该从自己的首都穿过。于是，德国、法国和美国纷纷在地图上把本初子午线定位在柏林、巴黎和华盛顿。虽然这种苦心我们能理解，不过本初子午线只能有一条。后来，鉴于英格兰在17世纪对航海学做出的重大贡献，而且当时监管航海业的正是英国皇家天文台——它位于伦敦附近的格林尼治，于是就把经过格林尼治的那条经线最终确定为本初子午线，也就是平分东西半球的分界线。

经度虽然确定了，不过在茫茫大海上的航海者又如何确定自己的经度呢？为此，英国政府于1713年专门成立了一个“确定海上经度委员会”，并设立了10万美元的巨额奖金，以奖励那些能够确定经度的最佳设计。很多设计都被淘汰了，不过仍有两项发明非常具有研究价值，那就是六分仪和天文钟。

六分仪小巧而复杂，它可以用来测量各种角距离。天文钟诞生于1773年，它是一种非常精确的计时装置。它不受气候影响，能随时随地报出格林尼治时间。所以，我们必须承认，它的发明者约翰·哈里森确实是一位天才。

那么，时间和经度的关系又怎么确定呢？我们知道，地球自转一圈是24小时，每小时会经过15° 经线，所以通过航船所在的当地时间和格林尼治时间的时差就能算出航船与本初子午线的距离。

现在，格林尼治天文台每天中午都会向全世界准确报时。天文钟已经退出了历史舞台，人类历史上辉煌壮丽的篇章——航海冒险也告一段落。那是一段关于勇气、智慧和耐心的旅程，人类为此奋斗了20多个世纪，如今终于能够带着愉快的心情横跨地球表面。当然，这其中包含了许多国家的贡献，比如中国、阿拉伯、印度、希腊、英国、法国、荷兰、西班牙、葡萄牙、意大利、挪威、瑞典、丹麦、德国……

# 蚊子为啥老叮我

[加拿大] 杰·英格拉姆

## 追逐气味的蚊子

对于加拿大人来说，印象最深刻的莫过于傍晚时分野外小屋上方蚊子嗡嗡的叫声。我看过很多关于母蚊子才会叮人的描述，看过很多关于蚊子特殊吻突的图片，也知道蚊子如何刺穿我们的皮肤去寻找血管……

但是，我们很少注意到这种可恶经历的前奏。在黑暗的夜晚，母蚊子又是如何发现我们的呢？它是因为看到我们了，还是因为闻到我们的气味了，或者是听到了我们发出的声音？如果我们能找出真正原因，那就可以设计出最合适的驱蚊药，利用化学药品来阻止母蚊子叮咬了。

其实，我们仅凭观察那些小昆虫的飞行状况就可以得到一些线索，来解释它们是怎么找到我们的。我记得科学期刊上有一篇非常值得回味的文章，那里就有一些关于蚊子行为的重要描述，现在我决定将它摘录出来。

布朗在1966年发表于《美国医学会期刊》上的文章中写道：

“在一个有微风的夜晚，当你站在蚊子很多的地方时，它们会嗡嗡嗡地从你身边飞过，当然有些蚊子会正好飞到了你的下风处。当它们闻到你身上散发出来的气味时，即使离开有9米远，也会马上掉头逆风向你飞来。”

站在某人“散发气味”的下风处，这在人类听起来是一件非常不舒服的事情。不过，母蚊子的感觉却完全不同：“如果一个男人站在密闭的室内，那么就算蚊子在他身边来回飞，也不见得会理他。而如果他选择躺下，那么他身体移动所产生的气流会立刻被蚊子察觉，接着它们就都飞过来了。”

**是嗅觉，还是听觉？**

在这个假设中，作者使用的是男人而不是女人，这不仅是因为20世纪60年代的性别歧视，还有一定的科学依据。有数据显示，男人比女人更容易招蚊子，大人比小孩更容易招蚊子。从上面描述的内容，如“散发出来的气味”“产生的气流”等来看，似乎吸引蚊子的主要因素是散发出的气味，和其他的声音、视觉影像等没有太大关系。如果事实确实如此，那我们就应该使用能干扰蚊子嗅觉器官的驱蚊药，使它丧失分辨气味来源的能力。

但是，我们的结论似乎下得太早了。也许我们的气味确实是吸引蚊子的主要原因，但除此之外，蚊子还有视觉，它还能看到我们（至今还没有绝对的证据能证明吸引蚊子和我们发出的声音有关联。除非我们故意模仿它们那种令人讨厌的嗡嗡声。而且就算我们真的模仿了，吸引过来的也只会是那些不会叮人的公蚊子，它们是想来找母蚊子交配而已）。蚊子的视觉不仅非常重要，而且很有可能是母蚊子最先发现我们的工具。事实证明，物体越黑，蚊子越感

兴趣，可见它们的眼睛对颜色的敏感度不够，不能分辨出彩虹中间橙、黄、绿、青、蓝五种颜色，而只能分出位于可见光谱两端的红色和紫色。这在它们看来或许都是黑色，不过也足以激起它们的兴趣。如果是移动着的黑色物体，那将会更加理想；而如果物体还能产生“闪烁”的效果，比如黑色物体在黑白相间（尤其是条纹和棋盘状）的背景前不停移动，那更是再好不过了。常言道：“如果你穿着和裁判一样的条纹衣服，那就最好不要到树林里去……”

但是所有人都知道，即使我们穿上了白色衣服，到了有蚊子的树林里一样会被叮咬，而且很可能被叮得满身是包。所以，我们应该尝试着寻找一些更好的线索，发现除了衣服的颜色以外，是不是有些人本身就特别能引起蚊子的注意，而有些人却很少会引起蚊子的注意呢？

答案似乎非常肯定，确实是有些人容易招蚊子，而有些人却很少受到关注。不过，要找出这其中的原因却不是一件容易的事。很多年前就有人做了一个非常有名的实验：加州的一个研究团队找来了838个人，想测试他们吸引蚊子的不同程度。实验的道具是一个用塑料筒做的蚊子笼，它的底部是尼龙网，笼内装了4只蚊子。测试时，每个人拿一个蚊子笼放在手臂上3分钟。第一轮测试后，838个人中只有17个人没有被咬；第二轮测试后，原来幸运的17个人中，只有1个人全身而退。于是，他们又对这个人进行了9次测试，发现他只被咬了3次，其余6次都安然无恙。看来，我们真该为这家伙庆祝一下，他还真是一个不会吸引蚊子的人啊！不过遗憾的是，研究人员在报告的最后说，尽管他们已经竭尽所能地对这个避蚊大王进行了深入的分析和研究，但是依然没有弄清楚蚊子对他不感兴趣的真正原因。

## 蚊子的选择

整个研究的情况大致就是这样了：有的人比其他人更容易招惹蚊子，而有的人却非常有免疫力，但是产生这种现象的原因目前还没有找到。于是，他们又尝试从另一方面入手。

在通常情况下，一个人能散发出一百多种化学物质，我们完全可以假设这些物质按不同比例混合后可以对蚊子产生不同的化学信号。不过要完全分辨出这些化学物质，并且了解它们的比例，实在是一件非常困难的事情。

在20世纪60年代，这个研究团队又对一位21岁的年轻人进行了研究。实验结果是，他不会排汗，也不怎么会招惹蚊子。但是不排汗是很严重的生理缺陷，如果只有这样才能避免被蚊子咬，那代价实在是太高了。不过，这个例子引起了很多人的注意，有些研究所就发现：排汗果然是吸引蚊子的一个重要影响因素。也许，有些人的汗会比别人的更有“汗味”。

到了20世纪90年代中期，坦桑尼亚终于用实验研究证实了这条猜想：在吸引蚊子这件事上，每个人都有不同的等级。这次的实验对象是3名志愿者，他们需要在野外的帐篷内住上9晚。这些帐篷都有特殊的设计，出入口都装了捕蚊陷阱。（其实他们完全不用这么破费，只要让我去参加这次实验，一定能捉到一大堆蚊子。）在这9天内，志愿者们会互相交换帐篷，而且为了不在帐篷里留下任何与自己相关的气息，他们还会把自己的随身物品全部带走。最后的结果显示，在这3名志愿者中，确实有1人对不同环境下的蚊子都缺乏吸引力。这些蚊子即使进入了帐篷，也基本上不会去叮他。

此外，人们还发现不仅仅是人与人之间吸引蚊子的程度有差异，人身上不同的部位对蚊子的吸引力也是不同的。曾经有位日本人就通过实验得出：人身上最容易招惹蚊子的就是脚，其次是手，然后才是脸。至于为什么会是这样的顺序，就没有人知道了。而且，实验还指出喝过啤酒的人更容易吸引蚊子。对于喜欢喝酒的人来说，这显然是一个令人郁闷的坏消息。

### 蚊子三大爱

现在，研究者已经确认了，人类散发出来的某些气息对蚊子非常有吸引力。不过，接下来的研究过程也并不简单。

通过我们记录的蚊子触须上神经细胞的信号，以及触须细胞在电子显微镜下的图像资料，我们大致能判断出蚊子的触须细胞有90%的功能是用来探测空气中的化学物质的。所以，我们经常排出的二氧化碳、体热和乳酸等都是吸引蚊子的良好“材料”。当然，这个假设合情合理，因为我们有热度，会呼出二氧化碳，并且排出的汗液里也含有一些乳酸。那么，我们不禁要问，蚊子究竟是用怎样精密的仪器来探测空气中这3种它喜欢的东西的呢？它又是通过什么方法既快速又安全地侦察出猎物的方位的呢？

在我们生活的环境中，二氧化碳的浓度大约为0.03%，而我们呼出的气体中二氧化碳的浓度是空气中的100多倍，所以这些配备了精密探测仪器的小昆虫们才会轻而易举地将我们从大环境中找出来。不过事情远非这么简单：我们呼出的二氧化碳气体只是一缕轻微的气息，它很快就会被周围的空气冲淡。然而蚊子探测器的探测范围最高是4%的浓度，最低可达0.01%。所以即使我们呼出的二氧化碳气体被冲淡了，这样的浓度也足以让蚊子在很短的时间内找到气体最浓的地方。

不仅如此，蚊子的精密探测器对脉冲信号也非常敏感。在一个有稳定气流的风洞里，蚊子的反应和平时大不相同。它们不会选择逆风飞行，而只是静静地等待着。一旦它们察觉到有一股二氧化碳浓度不同的气流吹过时，就会马上行动起来，朝着气流吹来的方向寻觅而去。

蚊子的精密探测器并不在触须里，而是在头部短株状的结构——头部突起里面。我们只需要用一个简单的实验就可以证明它的功能：将蚊子的头部突起切断，它马上就察觉不到二氧化碳气体了。蚊子头部突起的神经只要一感受到二氧化碳的气流，马上就会被激活。不过，这些神经系统相当复杂，甚至已远远超出了它们功能的需要。所以我们很好奇，为什么蚊子会有这些看起来有点浪费的复杂系统，这其中还有什么作用是我们不知道的呢？

也许这样的结构有利于把二氧化碳的信号和其他气味的信号联系到一起，因为蚊子对其他气味信号（比如乳酸）的反应也会受到二氧化碳信号的影响。这种信号之间的交叉反应比较复杂，只有当触须上传来的信号和头部突起上传来的信号搭配在一起时才能产生效应。也许我们可以把这个过程比喻为吃烤奶酪三明治，我们只有把嗅觉和味觉的信号都叠加在一起，才会有整体印象，才能享受到最完美的食物。

此时我又想起了最开始的论断：公蚊子不咬人。那么，它会受到二氧化碳的吸引吗？对于这种情况，我们有一个很恰当的解释：公蚊子肯定会对母蚊子最有可能出现的地方感兴趣（这是所有雄性的共同点），而母蚊子出现的地方都是二氧化碳较浓的地方。所以，从某种角度来说，公蚊子也会受到二氧化碳的吸引。

另一方面，这些能呼出二氧化碳的哺乳动物都有较高的体温，而母蚊子触须上的温度感应器（尤其是触须的尖端）也非常灵敏，只要接触物体的温度有超过0.05℃的变化，感应器就会发出一连串的神经信号。

实验指出，一只兔子在2米远的地方散发出热气，引起周围空气的温度极其微弱地上升，蚊子也能感应到。更神奇的是，当蚊子飞来飞去的时候，因自身原因而造成周围温度微弱改变时，母蚊子温度感应器的反应要小得多。而且研究还发现，在潮湿的空气里，蚊子对温度的反应更加灵敏。不过，现在还没有充足的理由能证明蚊子还可以探测出空气的湿度。

此外，毋庸置疑，蚊子同样可以利用触须检测到乳酸的存在。在它的触须里还有另一组检测乳酸的神经接收器，它可以对人类皮肤（仅仅是人类皮肤）散发出的乳酸浓度产生反应，前提是周围必须有二氧化碳存在。

当母蚊子在向目标逼近的时候，它的乳酸感应器会处在一个高度警戒的状态，不过并不是所有时候都会这样。在母蚊子的整个生命周期中，很多时候它都不需要一直追捕猎物，比如说蚊子在刚刚孵出时、吸饱血后或者准备产卵时，它就不会叮人。在此期间，母蚊子的血液内会产生一种特殊的抑制性激素，刺激它触须上那些灵敏的乳酸感应器暂时关闭。这种情况可以通过一个蚊子的输血实验来证实：我们将一只处于上述阶段的母蚊子的血，输入到另一只处于饥饿状态的母蚊子身上，被输血的那只蚊子虽然饿得要命，但它也会马上停止寻找猎物。

蚊子行为复杂的另一个有力证据，就是它对自己嗜血行为的控制。当然，我们所说的复杂，仅仅是针对这种由角质素构成、不具备思考能力的小昆虫而言的。因为它们并不会依靠思维来决定要不要攻击你，只是在本能的影响下做出反应而已。蚊子的攻击令我们无比厌烦，殊不知，它们也是冒着致命的危险在行动。所以，当它们体内的神经细胞对外界的化学物质产生反应时，便会对身体发出强烈的信号，让它们奋不顾身地去接近你。同样，蚊子的神经细胞也可以改变信号，让它跳过你去攻击别人。

蚊子吸饱血之后（大约为5毫克，也就是你拍死一只蚊子后留下的那抹血迹），腹部就会鼓起来，这时位于腹部的感应器就会马上向大脑发出信号，大脑会立即下达指令停止吸血，然后蚊子就拔起那支结构精巧的针状吻突飞走了。这个过程同样可以利用实验进行一次戏剧化的展示：如果我们把蚊子腹部传输信号的神经切断，那么它就会一直不停地吸血，直到把肚皮撑破为止。母蚊子一旦吸饱了血，它们就会马上飞走，不再来攻击你，也不会去寻找其他目标。所以，蚊子的攻击行为由神经系统启动，最后则需要依靠释放激素来结束这次行动。

现在我们知道二氧化碳、体温和乳酸对蚊子来说很可能就是最致命的吸引力（虽然我们还不明白蚊子为什么最喜欢脚，其次是手，再次才是脸），但故事发展到这里并没有结束，因为我们完全可以人工制造出混有二氧化碳和乳酸的温暖的物体来吸引蚊子，但蚊子对这些丝毫都不理会，更不会停下来在这个物体上寻找血管。实验又告诉我们，一定还有其他的化学物质会吸引蚊子，只有所有相关的化学物质相加才能完整地构成对蚊子的引诱剂。所以，直到现在，实验室内也无法模拟出像流着汗、散发着热气的人那样吸引蚊子的真实效果。

这些吸引蚊子的东西就这样一个一个地被我们找了出来。有一位非常聪明的科学家发现，有种蚊子特别喜欢咬人的脚，因此他推断蚊子会喜欢奶酪，特别是林伯格奶酪。也许产生林伯格奶酪特殊气味的细菌和产生汗味的细菌是类似的品种吧。



## 防蚊剂管用吗

知道了这些吸引蚊子的因素，也就能顺理成章地解释防蚊剂的作用了。防蚊剂有多种作用机制：它可以覆盖住蚊子的触须，让触须上的感受器无法和外界的气味分子（不管它们是什么物质）直接接触，甚至可以把触须上特殊的神经细胞用某种物质直接塞住。此外，防蚊剂还可以反其道而行，过度刺激蚊子的神经细胞，以此来扰乱它的反应。再者，防蚊剂不一定要作用于蚊子身上，它可以用来防止你的皮肤散发气味，这样可以让蚊子侦察不到任何信号。

那么，我们使用防蚊剂后，蚊子的行为究竟会受到哪些因素影响呢？从一个简单的观察实验中可以看出一点线索：在20世纪60～70年代，科学家设计出一种和“宿主有关的刺激物”的气流，并让母蚊子在那里面飞进飞出。母蚊子开始飞进这种特殊气流时，并没有什么特别的反应。但是当它刚要飞出时，会立刻掉头重新飞进这股气流内。相比之下，公蚊子碰到这种含有防蚊剂的气流时，要么就立刻转身，要么在飞出来之后就再也不回去了。

所以，尽管从这些简单的观察中，我们无法了解导致蚊子行为改变的原理，但至少我们能肯定防蚊剂在某种程度上确实改变了蚊子的行为模式。

## 史上最强的防蚊剂

不过，以上实验还只是20世纪60年代的事，时间过了这么久，现代科学已经有了很大的进步。现在就有一种新的防蚊剂，它被实验证明能很好地干扰蚊子的猎物侦察系统。这种防蚊剂的主要成分是DEET（关于这个名字的说法，我觉得还是有必要稍微介绍一下。它原名为N，N-diethyl-m-toluamide，这个名字和缩写还是比较符合的。不过，后来它又改名为N，N-diethyl-3-methylbenzamide，这个名字看起来就和原来的缩写DEET没什么关联了。但是，它们确实是同一种东西，而且是目前为止效果最好的防蚊剂）。

DEET超强的驱蚊作用从来就没有人怀疑过，而且它的优越性在2002年夏天的一份研究报告中再次得到了确认。那是一篇刊登在《美国医学会期刊》上的论文，作者将DEET和其他成分的防蚊剂做了一番详细的对比，再次证实了DEET全面、长期的驱蚊特性。我们可以从文中随便摘出几个例子，比如说，高浓度DEET的驱蚊效果可以持续约5小时，而效果最接近的一种大豆制品，只能持续2小时。还有那些香茅油的产品，不但没有驱蚊效果，反而会招惹蚊子。此外，还有一种用油加利树的萃取液制成的防蚊剂，由于它出现得太晚，研究员还没来得及选它做对比实验，所以目前还不知道它与DEET对比的结果将会怎样。不过，从现有的资料和数据来看，它的驱蚊效果也是相当不错的。

当然，报告里并没有谈到所有的防蚊剂，社会上还有一些专门为特殊品种的蚊子设计的防蚊剂效果也很好，也许其中有些药剂还能发展成与DEET相抗衡的、能普遍使用的防蚊剂。不过，到目前为止，最好用的仍然是N，N-diethyl-3-methylbenzamide防蚊剂。

也许我们会理所当然地认为，在很多蚊子严重肆虐的地区（尤其是尼罗河西岸），DEET防蚊剂会特别受欢迎，然而事实并非如此。因为他们的太阳镜和手表面上的水晶玻璃碰到DEET就会溶解，这实在是让人担忧。正如他们说的那样，要是把这种强力的塑化剂涂抹在我们的血肉之躯上，说不定就把我们的皮肉甚至内脏器官都溶解掉了。的确，DEET在皮肤上会迅速分解，并渗透到皮肤里面，如果它们不小心碰到了身体的黏膜组织，比如眼睛、嘴唇、口腔等，就会产生强烈的刺激。

DEET曾引起的一些严重反应，在相关医学文献上也有记载，但是概率非常小。在近40年内，总共有80亿剂DEET防蚊剂被使用，其中产生严重反应的案例加起来也不到50件。而且在这50件中，有3/4的人在症状消失后没有留下任何长期的后遗症。当然，我并不是在为DEET辩护，我也必须告诉大家，在这么多年的使用过程中，它也确实产生了一些可怕的甚至致命的副作用，而受害者大多是婴幼儿。

有数据显示，浓度为10%的DEET溶液如果使用谨慎，就不会对小孩的健康造成影响。若是成人使用，DEET溶液的浓度也最好不要超过30%，而且这样的浓度已经完全可以作为在密林里的防护措施了。实践证明，把DEET的浓度从30%增加到50%，驱蚊效果也并没有特别明显的改变。

要了解DEET真实的驱蚊效果，我们可以看看下面这件案例。在阿拉加斯加的荒野中，蚊子异常浓密。当地人经过调查发现，使用了DEET之后，每小时被蚊子叮咬的次数从3360次直线下降到只有1次！这东西实在是非常有用。而且我们还明白了它的作用机制：DEET能关闭蚊子触须上的乳酸感应器，这样蚊子即使暴露在乳酸中，触须感应器上的神经也没有任何反应。此时即使蚊子的另外两大诱因——温暖潮湿的空气和二氧化碳浓度都存在，蚊子也会像瞎了一样，根本察觉不到目标。

此外，我们还可以从蚊子的行为中看出DEET的效果。当蚊子飞进一个普通的气流里时，它会漫无目的地飞行，一会儿向东，一会儿向西，还经常表演一下90° 以上的大转弯。但是，当气流内混入了乳酸的气味后，它就会坚定地朝着气味的来源处逆风飞行，即使转弯，也只是小于45° 的小转弯。如果气流中又混入了含有DEET的引诱剂，蚊子又会变成漫无目的地飞行，开始寻找有气味的目标。所以，DEET并不是让蚊子失去对乳酸的兴趣，而是让它们察觉不到乳酸的存在而已。

最后，DEET和那些能感受到乳酸的神经细胞之间究竟发生了什么作用，或许只有分子生物学家能告诉我们。如果这是一种类似于钥匙和锁的机制，那么我们就有机会设计出更有效、更安全、更持久的防蚊剂。

不过，要真正研究清楚蚊子为什么能找到我们，还需要付出很多努力。而且，只有在弄清楚以上问题之后，我们才有可能找出防蚊剂究竟是如何对蚊子起作用的。

# 狼狗沃尔夫

[美国] 杰克·伦敦

因为草地上有露水，玛姬要穿上胶皮鞋，所以当她从屋里出来时，她的丈夫早就在一边等着她了。

玛姬一边赏花，一边向深深的草丛望去。“沃尔夫呢？”她问。

“沃尔夫？”沃特·埃尔文这才从对桃花的诗意遐想中回过神来，并向远处望去，“刚才还在这儿呢，我看见它在追兔子。”

“沃尔夫！沃尔夫！”玛姬一边呼喊着，一边和丈夫离开了这片空地。他们沿着果树林中的小路走向大路。

沃特把双手的小拇指塞进嘴里，吹了个响亮的口哨。玛姬连忙捂住耳朵，做了个鬼脸，说：“天啊！沃特，你可是个优雅的诗人啊！你发出这种声音，把我的耳朵都震聋了，听上去就像是——”

“奥菲斯[1]吗？”沃特兴致勃勃地说。

“不，街头艺人。”玛姬讽刺道。

“哈哈，诗人也有俗的时候啊，不过，至少我的作品很受欢

[1] 奥菲斯：希腊神话中的音乐天才，是太阳神阿波罗的儿子。

迎。”沃特自我解嘲道，“我是讲究实际的诗人。我卖掉诗歌，可以换来草场、别墅、果园，还有1/4英里长的小溪。亲爱的玛姬，园子里之所以会有低语的西风、轻舞的树叶、淙淙的流水，都是我用美妙的诗歌换来的啊！”

“哦，这么说，你的诗可真值钱呢！”玛姬笑着说。

“当然了，难道不对吗？”

“可是，你用两首十四行诗换来的奶牛却是镇上最糟糕的。”

“它很漂亮嘛！”

“但是，它不产奶啊！”

“可是，它的确很漂亮啊！”

玛姬笑了笑，不再和丈夫争辩，而是说：“看，沃尔夫回来了！”

果然，山坡上的灌木丛中出现了一阵骚动，紧接着，一条狼狗出现在他们前方40英尺处。狼狗用健壮的前爪把一块砾石踩在脚下，目光炯炯地看着砾石。然后，它转过头来盯着埃尔文夫妇，冲着他们大声咆哮起来。

“沃尔夫，你这个坏蛋，沃尔夫！”埃尔文夫妇温柔地呼唤它。沃尔夫的耳朵耷拉下去，就像被一只无形的手爱抚着似的。

埃尔文夫妇看到狗钻回灌木丛中，就继续向前走去。过了一会儿，沃尔夫出现在一处乱石成堆、泥土松软的缓坡上，那里也是小路的拐弯处。男主人抱着它的头拍了拍，女主人抚摸了它好一会儿，沃尔夫这才在他们前面跑起来。它身姿矫健，毛色有深棕色、红棕色等多种棕色。它的眼睛像一对宝石，闪烁着金黄色的光芒。埃尔文夫妇非常喜欢这条狗，或许是因为他们费了很大的劲儿才赢得它的信任吧。

当初，沃尔夫不知从什么地方来到这里，它饥肠辘辘地游荡在他们这座山间小屋的窗下，就在他们面前咬死了一只野兔。吃下野兔后，它卧倒在小溪旁。当沃特好心地去看望这位不速之客时，它对他咆哮不止。好心的玛姬给它端去一盆牛奶，也被它吓了一大跳。这条狗龇着尖牙，鬃毛倒竖，根本不让人靠近，更别提抚摸了。

沃尔夫满怀警觉，却不离开，只是趴在小溪边。它等没有人的时候才吃一些埃尔文夫妇端来的食物。它滞留此地，是因为过于疲劳，而且有伤病。几天后，等到身体完全康复，它就离开了。

沃特本以为那是他最后一次见到这条狗。但是，后来有一次，当他在美国北部沿着加利福尼亚州和俄勒冈州的分界线旅行时，在火车上又见到了它。那时，他偶然向车窗外望去，一下子就看见沃尔夫正沿着公路奔跑，已经疲惫不堪。

那时的沃特是一个很有激情的诗人，他特地在下一站下车，跑到一家肉店里买了肉，然后在城郊抓住了这条流浪狗，用行李车把它运回了家。于是，这条狼狗又一次来到了这座山间小屋。它被拴了一个星期，只好接受好心的埃尔文夫妇的热情招待。可是，自从它被他们收留之后，就从来没有叫过。

本来，要留住这条桀骜不驯的狗并非易事，可沃特不怕挑战，他特地请人制作了一块金属铭牌，上面刻着“如见到此狗，请归还给加利福尼亚州索诺马县格林艾伦镇的沃特·埃尔文”。他把这块金属铭牌铆在一个项圈上，又把项圈套在狗脖子上，然后把它放了。结果，狗立刻就消失了。

第二天，从蒙多西诺县来了一封电报——在20小时里，这条狗向北方跑了100多英里！直到被捉住时它还在奔跑。这次，它被一家快递公司送回来，拴了三天。第四天，沃特一放开它，它又跑了，一直跑出很远才被捉住送回来。反正，只要它一获得自由就跑掉，而且都是向北方跑。有一次，这条狗竟然穿越了半个加利福尼亚州、整个俄勒冈州和几乎整个华盛顿州，才被人抓到。

人们不得不称赞它的逃跑速度。只要它吃饱喝足，休息够了，就会拼尽全力地奔跑。第一天，它可以跑150英里，之后每天都能跑100英里，直到被捉住。每次被送回来时，它总是又饥又渴，骨瘦如柴，但逃走时又总是精神抖擞，活力四射。为什么它总是义无反顾地向北方跑？人们无法理解它这种执著的本性。

为了支付把这条狗从外地运回来的费用，沃特只好提高自己十四行诗的价格。但是，一年之后，这条狗不再跑了，它认命了，留了下来。即使这样，埃尔文夫妇也是过了很久才能接近它。它只允许他们抚摸，对来客们却毫不客气，谁也别想靠近它，否则就发出阵阵低吼，亮出利齿。它的咆哮声非常吓人，能震慑住最彪悍的人，令所有的乡下狗闻风丧胆——这些狗一辈子都生活在本县，哪里听到过这样的“狼嗥”！

埃尔文夫妇见这条狗的外貌酷似狼，就为它取名为“沃尔夫”。它来历不明，沃特和玛姬不知道它是从谁家跑出来的。他们的邻居约翰逊夫人给他们送牛奶的时候见过沃尔夫，她说那是一条克朗代克犬。由于约翰逊夫人的堂兄在克朗代克那个遥远的苦寒之地采矿，所以她骄傲地声称自己是这方面的权威。

埃尔文夫妇认为约翰逊夫人说得很有道理，因为沃尔夫那尖尖的耳朵就是证明。它的耳朵被冻伤过，并且很严重，总也好不了。另外，沃尔夫看起来很像他们在报纸和杂志上见过的阿拉斯加犬。

埃尔文夫妇经常猜测沃尔夫的过去，他们依照查询的资料，想象着这条狗在北方是如何生活的。他们能感受到那片寒冷的北方大地仍然让它惦念不已，因为在夜里，他们时常能听到沃尔夫低声呜

咽。北风肆虐、严寒刺骨的冬季是沃尔夫躁动不安的时节，它会发出一阵阵的悲鸣，那声音就像是长长的狼嗥。但是，无论人们如何刺激它，沃尔夫从不发出狗的吠叫声。

埃尔文夫妇在设法留住沃尔夫的同时，一直在争论它到底属于谁，他们都认为这条狗对自己更好。但最后，还是沃特占了上风——或许因为他是男人。相对于女人，沃尔夫更熟悉男人，它对女人不了解。最让它受不了的是玛姬的裙子，那摆动的裙裾会让它怒火冲天，所以一到大风天气，沃尔夫就不让玛姬靠近自己。

但是，玛姬一直在为沃尔夫提供饮食，因为她掌管着厨房，只有她点头同意，沃尔夫才能进入厨房。正因如此，玛姬才有可能克服自己在穿着上的劣势。这时，沃特又费了些心思让沃尔夫习惯于卧在他的脚边，不妨碍他工作。为此，他必须不时地和它亲热一下，说些什么，以至浪费了很多工作时间。

虽然沃特最终获胜了，但玛姬抱怨说，如果他能全力创作，少花点心思在沃尔夫身上，他们园子里的红树林会扩大不少面积，小溪还会再延长1/4英里。

埃尔文夫妇默默地沿着小路走了很长时间。沃特说："现在，诗稿费的汇款单应该到了，我得去邮局查看一下。这笔稿费可以让我们买到一加仑的枫树糖浆和美味的荞麦粉。当然，还可以给你买一双新套鞋。"

玛姬说："还可以从约翰逊夫人那里买到美味的牛奶——你别忘了，明天就是月初第一天。"

沃特先是皱了皱眉头，但他的表情马上又变得愉悦起来。他得意地用手拍了拍胸前的衣袋，说："没事的，我又完成了一首诗作，可以换来一头全加利福尼亚最棒的奶牛。"

玛姬急切地问："你什么时候写的？怎么从来没给我看过？"

"我特地留着它，当我们走在去邮局的路上时，我再读给你听。"沃特说着，示意妻子坐在路边的一截圆木上。

在布满青苔的石缝间，一条小溪慢慢涌出。它是从茂密的蕨类植物下流淌出来的。小溪从埃尔文夫妇的脚边顺地势而下，一直流淌到山谷深处。在他们周围，有许多美丽的蝴蝶在上下飞舞。沃特舒缓地为爱妻读着自己写的诗。这时，山谷中忽然传来一阵沉重的脚步声，其中还不时夹杂着碎石向下滚动的声音。

正当沃特读完诗歌抬头征询妻子意见的时候，一个外表彪悍的男子出现在小路的拐弯处。这个人没戴帽子，满脸是汗。他把一顶新帽子拿在手里，另一只手则拿着手帕不停地擦着脸上的汗水。他穿着一套黑色的、款式已经过时但还算新的衣服，身上发达的肌肉好像被衣服限制得很痛苦，急于从中挣脱出来似的。

"哈，老兄，天气真热啊，不是吗？"沃特笑容满面地向这个陌生人打招呼。作为一个传统的乡下人，他信奉这种淳朴的乡村习俗——主动热情地招呼别人，哪怕是素不相识的人。

那个男人有些诧异地停下脚步，点点头算是回应。然后，他尴尬地说："的确，这么热的天气让我有些受不了，我还是比较习惯寒冷的天气。"

"是吗，那你可要失望了，这个国家可没有那样的冷天。"沃特笑道。

那个人耸耸肩，说："没错，确实没有。我也没指望这里有多冷。对了，我是来找我妹妹的，你们知道她住在哪里吗？她是威廉·约翰逊的夫人。"

"你该不会是她的那个在克朗代克从事采矿业的堂兄吧？我们

总听她说起你！”玛姬兴高采烈地说。

“没错，我就是。我叫米勒——斯吉夫·米勒。我本来想给她一个惊喜来着。”这个男人谦逊地回答。

玛姬站起身来，给他指点了道路。她说：“很多人都找不到正确的路，只有你找到了这条小路。你看，1/4英里外的那片山谷，你看见那片遭遇霜冻的红树林了吗？你沿着这条小路走，然后向右拐，就能找到了——这是去她家的近道。”

“好的，谢谢您，夫人。”米勒道过谢后就要离开。但他没挪动脚步，而是一直盯着玛姬看，目光中明显带着倾慕。

玛姬尴尬地说：“我们很想听你讲讲你在克朗代克的故事呢！也许过两天我们会去你的妹妹家，请你讲讲有趣的故事。要不这样吧，你能不能到我家来，和我们共进晚餐？”

“好的，女士，谢谢您。”米勒神情恍惚地说了一句。片刻后，他才回过神来，说：“哦，抱歉，我没法停留太久。我马上就要回北方，是今天晚上的火车。你知道，我受到政府合约的限制。”

“哦，这可太糟了。”玛姬说。

米勒想走了，但他的目光离不开玛姬美丽的脸，所以他迈不开脚步。而玛姬很少被一个陌生男子长时间盯着看，不由得满面通红，浑身不自在。沃特咳嗽一声，认为自己应该说些什么，好让眼前的场面不那么尴尬。这时，刚才在树丛中巡视了一圈的沃尔夫迈着狼步出现了。

“啊！上帝，真是活见鬼！”米勒这话说得缓慢而清晰。这条狗一出现，眼前这个漂亮女人就被他暂时忘了，他的目光死死地粘在这条狗身上。他面露惊疑之色，继而坐在木桩上沉思起来。

这下，玛姬感到奇怪了，猜不出这个男人有什么用意。

狼狗沃尔夫乍一听到米勒的声音，立刻把耳朵贴伏下去。接着，它惊喜地叫了一声，张大嘴巴，慢慢走到米勒面前。沃尔夫先是嗅了嗅米勒的手，然后伸出舌头，快活地舔起他的手掌来。

米勒也很激动，他伸手拍着沃尔夫的头，一遍一遍地重复着说："哦，上帝啊！上帝啊，真想不到！真想不到！"好半天，他才抬起头对一旁的玛姬说："抱歉，女士，我只是太吃惊了。"

玛姬接着他的话说："哦，我们也正奇怪呢，我们从没见过沃尔夫这么亲近一个陌生人。"

"你们管它叫——'沃尔夫'？"米勒试探着问。

玛姬点点头说："对，是沃尔夫。我不明白，为什么它会对你这么亲近，难道是因为你也是从克朗代克来的？你知道吗，它是一条克朗代克犬。"

"是，我知道。"米勒有些心不在焉地回答，同时抬起沃尔夫的一条前腿，看了看它的脚垫，又用拇指按了按。

"嗯，有些软了，看来它有很长时间没跑远路了。"米勒自言自语道。

"我说老兄，"这时，沃特饶有兴致地插话说，"沃尔夫这么听话地让你摆弄，真是怪事。"

米勒站起身，郑重其事地问："这条狗在你们这里多久了？"他的语气十分严肃，刚才只顾看玛姬的尴尬情绪早就消失了。

埃尔文夫妇正为他的态度变化感到奇怪时，一直在米勒腿边蹭来蹭去的沃尔夫突然吠叫了几声，叫声听起来短促而快乐。

"哇，沃尔夫叫了，这情况真罕见！"米勒不禁发出一声赞叹。

沃特和玛姬对视了一眼——真是奇迹啊，沃尔夫在叫！玛姬开心地说："啊，它可是第一次这么叫呢！"米勒马上说："我也是第一次听见它这么叫。”

玛姬冲米勒微笑一下，心想：这个人可真会开玩笑。“那当然啦，你见到它才不过5分钟。” 她还是忍不住说。

听到这话，米勒盯着她看了很久，想从玛姬的表情里弄清楚她是不是在装傻。后来，他慢慢地开口道：“你看这条狗对我的亲热劲儿，难道还不明白？我以为你能看出来呢——它是我的狗。另外，它不叫‘沃尔夫’，叫‘布朗’。”

“啊——沃特！”玛姬一惊，不由自主地呼喊丈夫。

沃特的神情也变得紧张起来。“你怎么知道它是你的狗？”他故作镇定地问道。

“因为它就是我的狗！”米勒回答。

“你这是强词夺理！”沃特很不客气地说。

米勒并没有生气，他若有所思地看着沃特。然后，他对玛姬顿了顿下巴，问道：“那，我问你——你怎么知道她是你的妻子？你肯定也会说，‘因为她就是我妻子’，对不对？”

“你——”沃特一时不知该说什么好。

“所以，如果我是强词夺理，你也是。”米勒接着说，“这条狗本来就是我养大的，我当然知道了！不信，我证明给你们看。”

说完，米勒转向沃尔夫，厉声喊道：“布朗！”

一听到这熟悉的叫声，沃尔夫立刻把耳朵贴伏下去。

“转身！”

沃尔夫马上向右转过去。

“冲过去！”

沃尔夫立刻停止右转，向前冲去。

“停！”

听到口令声，沃尔夫马上停下来。

“怎么样？”米勒得意地说，“它是我一手训练出来的狗群首领。我不说话，只吹口哨，它也会听我的。”

“你不会把它带走吧？”玛姬不安地问。

米勒点了点头。

“你要带它回到克朗代克那个鬼地方去？”玛姬更加不安了。

米勒又点点头，说：“对。不过，那里不是鬼地方——你看我，不是活得好好的吗？”

“但——它是一条狗啊！那里艰苦无比，漫天飞雪！噢，我在书上读到过关于那里的事情，人们需要忍饥挨饿。我知道！”

米勒有些恶意地添油加醋说：“对啊，挨饿是很平常的。我有一回还差点儿把布朗吃掉呢，要不是后来我猎到了一只驼鹿，这条狗可活不到今天！”他说得好像真的一样。

“哦，天哪！你太残忍了。要是我，宁肯自己饿死！”玛姬怒气冲冲地对这个冷酷的男人叫喊道。

米勒解释说：“女士，在这里，你当然会这么想。你不缺吃穿，根本用不着吃掉狗。但你要是在我那里，遇到我当时遭遇的那种情况，想法肯定不一样。我原谅你，因为你从没碰到过那种极端的情况，当然无法理解。”

玛姬急切地争辩着：“你说的一点儿没错，加利福尼亚州可没人吃狗肉！那你为什么不把沃尔夫留在这里？你看，它在这里非常快乐，不缺食物，也不会遭受风寒。这里的一切都非常美好，人们十分和善，相处愉快，而且对动物都很友好。沃尔夫永远不会被鞭子抽打。而说到天气——对了，加利福尼亚从不下雪。”

“可这里的夏天热得要命！请您原谅，我实话实说。”米勒说着，自己笑了起来。

玛姬着急地说："嘿，你还没有回答我呢！在克朗代克那严寒的地方，你能给它吃什么呢？"

"什么都吃，只要我能弄到。一般都吃粗粮。"米勒回答说。

"那你要弄不到呢？"

"那就什么也吃不上。"

"它还要干活儿吗？"

"当然了！"米勒有些不耐烦了，"总有干不完的活儿，没完没了。还有你说的饥饿、风雪、野兽，反正没有安宁的时候。没错，它跟我回去，就只能整天忍受这些。但是，我相信它喜欢，因为它习惯了，它适应那种生活。哦，你当然不知道，你对此毫不了解，你根本就不知道自己刚才在说些什么。布朗就该在那种地方，那里才是它的家，是它生活最快乐的地方。"

玛姬不说话了。而沃特语气坚定地说道："不管怎样，沃尔夫不会跟你走的，所以，我们没必要再说什么了。"

"你说什么？"米勒的脸色沉了下来，他的额头因为被激怒而变得发红。

面对这个健壮的男人，沃特虽然十分紧张，但还是鼓起勇气说："我说，这条狗不能跟你走。就是这个意思。"

沃特迟疑了一下，又说道："我还是不相信这条狗是你的，可能你以前见过它，还可能你替他的主人使唤过它。就算它听从你的口令，也不能说明你就是它的主人，因为阿拉斯加人打猎的时候用的口令都一样。在阿拉斯加，不管谁对狗发出指令，狗都会听。"

见对方只是听着，并没有动手的意思，沃特的胆子大了起来，话也流利了很多："另外，这条狗肯定很值钱，尤其是在阿拉斯加。所以，你也有可能只是想把它据为己有。不管怎样，你必须要证明它的确是你的狗才行！”

米勒显然是个见过世面的人，他面容冷峻，毫不慌张，对沃特的言辞根本不屑一顾。他一边仔细地打量沃特，像是在估计这位诗人瘦小的身躯是否禁得住打，一边暗自运气，黑色外套下强壮的肌肉都鼓了起来。突然，他的肌肉松弛下来，一脸不屑的表情，开口道：“哼，你们是拦不住我的。我敢说，现在我就能带走布朗，你们谁也没办法。”

诗人沃特的脸红了。他看看妻子，她在发抖。他感到肩、背和手臂上鼓起来的肌肉都僵住了。没错，他们都很害怕。

玛姬说：“也许米勒先生的话没错，看起来沃尔夫认识他。他叫‘布朗’的时候，它回应了，而且立刻同他亲近起来。它以前可从来没有这样对待过别人。还有，你看它叫起来很高兴。为什么呢？我想是因为它找到了主人吧。”

沃特也放松下来，失望地垂下双肩。他说：“我想你是对的，玛姬。沃尔夫原名叫布朗，肯定是米勒先生的狗了。”

玛姬提议：“我们可以买下它——也许米勒先生愿意卖掉它。”

米勒摇摇头，脸色缓和许多，不再那么凶了——毕竟对方先说了软话，他也不好意思太严肃。

米勒想了想，琢磨着该如何开口，才能让自己的话听起来不那么刺耳。片刻之后，他说：“我有5条狗，布朗是领头狗。它们组成了整个阿拉斯加最棒的狗队，什么困难也打不倒它们。1898年，曾经有人开出5000美元的价码，我都没舍得卖掉它们。虽然那时的狗都非常值钱，但我不是为了留着它们挣钱，而是因为这些狗太好了！

“布朗是狗队中最好的狗。那年冬天，有人为了买它，出价到

1200美元，我都没同意。所以，现在我更不会卖掉它。而且，我实在太想它了——我找了它整整3年哪！”

“当初，我发现它被偷走时，伤心得快要死了。这不是因为它很值钱，而是因为我确实喜欢它。所以，希望你们谅解。刚才，我见到它时，简直不敢相信自己的眼睛，感觉就像做梦一样！当初，它的妈妈死了，我把它养大，喂它2美元一罐的炼乳，可我自己连咖啡都喝不起啊！它还是个幼崽时，我每天晚上抱着它。除了我，它谁都不认。这个小笨蛋总是吸吮我的手指——就是这个！”米勒神情激动，再也说不下去了，他伸出食指给埃尔文夫妇看。“你们看，就是这根手指！”他认真地说，好像单凭这根手指就能证明他是狗的主人似的。

这时，玛姬插话了：“米勒先生，尽管你是沃尔夫的原主人，但你却没有替它考虑。”

“什么？”米勒的脸上满是迷惑之情。

“你为这条狗考虑过吗？”玛姬问。

“你——到底是什么意思？”米勒反问道。

“我的意思是，这条狗有它自己的选择，有自己的喜好和要求，但你没有想过。而且，你根本没给过它选择的机会。你想过吗？它也许更喜欢待在加利福尼亚州而非阿拉斯加。你只想着自己，对待它就像是对待土豆或干草一样。”

这话让米勒深受触动，他的心里产生了新的想法。

玛姬接着说：“米勒先生，如果你真的喜欢它，那么，你就应该把它的快乐当作自己的快乐，不是吗？”说完这些，玛姬得意地看了丈夫一眼，看到沃特正赞许地回望着自己。

米勒为难了，过了一会儿，他突然问道：“那，你怎么看？”

这回轮到玛姬迷惑了："你说什么？"

"你是说，它愿意留在加利福尼亚州？"

"我敢肯定！"玛姬坚定地点点头。

米勒又一次动摇了，他一边看着狼狗，一边说："布朗从来不吃闲饭，它能替我做很多事，训练新的狗队更是一把好手。没错，它聪明极了，除了不会说话，什么都会干。我们在说什么，它都明白——你看，它现在就明白我们在谈论它。"

此刻，趴在米勒脚边的这条狗把脑袋靠在前爪上，竖起耳朵仔细听着，同时用敏锐的目光观察每个说话的人。

米勒接着说："它还年轻，还能强壮地活好多年，也能再干好多年的活儿呢！我真的非常喜欢它。"他沉默了一会儿，最后说道："我说下我的意见吧，女士。您的话的确有道理。这条狗辛苦了这么多年，也该有个安乐窝了。没错，它有这个权利。所以呢，我们把决定权交给它自己，是走是留由它自己选择。你们俩站在这里别动，我也随意地走开。它想留下来或是想跟我走，随它。我不会召唤它，你们也别这样做。"

米勒看了玛姬一眼，想了想，又补充了一句："但是，我希望你们别耍手段——当我转身走时，你们可别叫住它。"

玛姬刚要开口，就被米勒打断了："女士，我们应该公平竞争，不是吗？说实话，我可知道女人是怎么做事的。女人们心软，要是为了什么而动了心思，可是会不择手段的。"

米勒意识到自己的话有些过分，就不好意思地换了口吻："嗯，无意冒犯，女士，我只是有什么说什么。"

玛姬的嗓音有些发抖："那我要谢谢你了。"

米勒耸耸肩，说："你也没必要谢我，毕竟布朗现在还没决定去哪里呢。好吧，我现在要走了。为了公平，我走出10英尺，那样你们就看不见我了。”

玛姬点头同意，说：“好吧，我不去召唤它。”

“嗯，那我走了。”米勒说完，起身就走。他的语气和一般的告别没什么差别，但沃尔夫听到这话后，还是立刻抬起了头。

当米勒和玛姬握手道别时，沃尔夫用后腿站起来，把前爪搭在玛姬的腿上，用舌头舔米勒的手；当米勒接着和沃特握手时，沃尔夫又站起来，把身体靠在沃特身上，舔两个男人的手。

“我跟你说，这可不好玩。” 米勒说完这句话，转身慢慢地沿着小路走了。

沃尔夫看着米勒的背影，热切地盼望他转身回来。当米勒走出很远后，沃尔夫低声叫着，一跃而起，迅速追上米勒，轻轻地咬住他的手，想让他停下来。

但是，米勒还是坚决地向前走。沃尔夫发现自己挽留不住他，就立刻跑回到沃特坐的地方，用嘴叼住他的衣袖，用力地想要把他拉起来，跟原来的主人米勒一起走。

见到沃特坐着不动，沃尔夫越来越焦躁不安，它急得团团转，看看脚步不停的老主人，再看看呆坐不动的新主人。它恨不得自己能够一分为二，可以同时跟着老主人和新主人。

沃尔夫眼看着新、老主人之间的距离越来越远，急得不停地来回奔跑。它一会儿冲过去拉住米勒的衣角，一会儿又跑过来叼住沃特的衣袖。它想要两头兼顾，却无可奈何，只好不停地尖声呜咽。

这样折腾了好一会儿，健壮的沃尔夫已经气喘吁吁了。

突然，沃尔夫一屁股坐在地上，扬起头，快速地张开嘴巴又闭上，一次一次地，嘴巴张得越来越大。随着嘴巴张合，它的喉咙里发出急促的气流越来越猛烈地激荡着，它的喉管震颤不止，随后又响起了“呜噜、呜噜”的声音，并且越来越大，直到沃尔夫发出一声埃尔文夫妇从来没有听到过的低沉的嗥叫。这嗥叫似乎即将变成悲愤的长嗥了。

可是，长嗥还没有完全冲出喉咙，沃尔夫就闭上了嘴，长嗥声戛然而止。沃尔夫目不转睛地看着渐走渐远的老主人，看了很久。突然，它转过头来，盯着坐在那里的沃特。

沃特却一直无动于衷，他面无表情地看着眼前迷惘的狼狗，既没有说什么，也没有做出任何举动。

一时间，沃尔夫彻底迷惘了，它完全不知道自己该怎么办。

前方的米勒已经快走到小路的转弯处了。沃尔夫看到老主人走出这么远，再也无法忍耐。它吼叫一声，跳了起来，准备蹿出去。但它像突然想起了什么似的，马上转身看着玛姬——直到现在，它才想起来自己还有一位女主人呢。

沃尔夫用脑袋顶住玛姬的腿，不停地来回蹭着，而且还用鼻子拱她的手。这是它每次向女主人讨吃的时候所用的把戏。沃尔夫后退几步，在玛姬面前卖力地折腾着——它努力地翻滚、辗转、跳跃，还不停地用前爪刨地；它把两只耳朵紧贴在脑袋上，眼中流露出讨好的神情，同时使劲儿地摇着尾巴，表达自己焦急的心情，乞求女主人爱抚。

终于，沃尔夫看出了主人的冷漠，就安静下来。它很疑惑——主人以前可从来没有这样过。

沃尔夫的心里十分惶恐，因为没有人告诉它该怎么办，它的讨好动作也没有得到任何回应，他们坐在那里根本不理它。

沃尔夫只好无可奈何地转过身去，看着老主人越来越小的身影。现在，走出很远的米勒马上就要消失在转弯处了，也即将消失在沃尔夫的视野里。但是，这个男人连头都没有回一下，径自地走下去。他的脚步虽然略显沉重，但是走得毫不犹豫，好像他一点儿都不关心自己身后发生了什么事情。

米勒就这么一路走着，转过一个弯，不见了。

狼狗沃尔夫还蹲坐在地上，期待着米勒能再次出现。它纹丝不动地等待了很久，悄无声息，仿佛已经变成了一块石头，一块充满迫切期待的石头。

过了一会儿，它又一次吠叫起来，跑回埃尔文夫妇身边。它嗅了嗅沃特的手，重重地卧倒在他脚边，凝视着小路转弯的地方。

美丽的蝴蝶在树荫下翩然飞舞，小溪在岩石间静静流淌，水声汩汩，清澈无比。除了几声鸟叫，周围再没有任何声音。玛姬回过头，看着丈夫，脸上洋溢着快乐的微笑。

但不久，狼狗沃尔夫站了起来。看上去，它像是终于下定了决心。它的两眼凝视着小路，对埃尔文夫妇视而不见。

“哦！”沃特呻吟了一声，“它终于还是要离开了。”

玛姬也明白，离别的时刻就要到来。

沃尔夫撒腿向前方奔跑。玛姬下意识地想要召唤它，却及时制止住自己。她看着丈夫，沃特正严肃地看着自己，摇摇头。玛姬只好闭上嘴，在心里发出一声叹息。

小路上，沃尔夫矫健的身影越跑越快，时而跳跃起来。它义无反顾地向前跑着，像狼一样的尾巴高高竖起。不一会儿，它就冲过小路的转弯处，消失在埃尔文夫妇的视野之外。

# 坏事情一定会发生！

[英国] 卡尔·萨巴格

美国工程师爱德华·墨菲提出了一个著名的论断——墨菲定律。该定律说：事情如果有变坏的可能，那么不管这种可能性有多小，它一定会发生。人们相信正是有了墨菲定律的存在，才让很多令人厌烦的事情发生了。比如，“抹好黄油的面包片”掉下来的时候，恰好是有黄油的一面贴在了地上。此外，墨菲定律还有一个推论：事情不仅会变坏，它还总是在最关键、最烦心的时候变坏。又比如，正是天寒地冻的时候，锅炉坏了；你刚走进浴室，电话铃就响了……这样的烦心事谁都可能遇到过，因为它们实在令人恼火，所以一旦发生就很难忘记。还好平时不常有这种出岔子、出错的事情，不然的话，我们就没办法正常生活了。

但是，生活中偶尔也会出现那种完全不符合常识的事情，所以你会觉得在那段时间内，世间所有的正确定律竟然完全失效了。

几年前就有过这样的例子发生，英国的一位病理学家还把它写进了自己的临床奇事里。现在看来，这个很长的故事其实是由一连串的墨菲事件组成的，其中每件事都很令人烦恼。不过对于那些喜欢研究墨菲定律案例的专家来说，这个故事显得非常特殊：要是事件链上的任何一个环节可以按计划好的方向发展，就不会导致最后的悲剧发生。然而，非常不幸的是，随着故事不断推进，墨菲定律跨越两大洲，连续11次发挥了可怕的魔力。现在，笔者就重新梳理一遍整个情节，并以“SL”来代表“墨菲定律”，以便于显示出墨菲定律的魔力所在。

故事是这样开始的：甲医院的医生正在讨论一个病理标本是否有癌变的征兆，大家意见不一，所以就决定立即将样本送到乙医院的一位病理专家那里求证，而乙医院却在另一个国家。（病状过于特殊，很难辨别，乙医院的那位病理学家正好是这方面的专家。）

接下来，就发生了一连串的奇事：

第一周的星期三，一个装着样片组织显微玻片的信封被送到了甲医院附近的邮局，继而被投进了航空邮件箱。信封上写的是乙医院的地址，标签上还注明了“加急——诊断用病理切片——无危险——无商业价值”等字样。不幸的是，甲医院负责寄信的员工贴的邮票不够[SL1]，邮局便将邮件退回了甲医院，要求他们贴足了邮票再寄。谁知，退回的信封没有被送到甲医院病理科，而是送到了总服务台[SL2]。医院规定，邮寄航空邮件必须要有院里主管领导的批准（开始的时候，总有人会自掏腰包绕过这条规定），可当时正好是星期五，只有等到下周一才会有主管领导过来[SL3]。就这样，三天之后，领导才批准了加付邮资，邮件才重新被送到邮局。事情办妥时已经是第二周周二了。

这份加急邮件一路绿灯跑了12000英里（真是不可思议，难道附近就真的找不到一个病理专家吗？实在太奇怪了），终于在星期四的时候到达了乙医院。乙医院都是集中派送邮件，所以这份邮件没有直接送到病理科，而是送到了旁边的办公室。现在麻烦又来了，在那个国家，复活节前的星期四叫濯足星期四[1][SL4]，那天刚好就是。由于邻近复活节周末，办公室工作人员都提前下班了[SL5]，只有一名清洁工还没走，于是邮递员只好将这份邮件交给了他[SL6]。这名清洁工随后将邮件投进了收件箱里。（其实，繁忙的医院里每天都会有加急检测，那天乙医院的病理科也是一切如常，医生和护士都在忙着工作。）

等医院职工复活节休假回来之后，邮件才交到病理专家的手里，那时已经是第三周周三的早上了。专家们经过认真的研究和讨论，直到下午4:00才确定诊断意见。然而由于时差的关系，那时的甲医院正好是星期四凌晨1:00[SL7]，所以乙医院的专家不得不放弃打电话的想法。

另一方面，星期三那天，甲医院的医生一直没有收到乙医院的任何消息，于是就发了一份电报前去询问。谁知，那位去发电报的职员又搞错了，把本应该发到乙医院的电报发到了纽约[SL8]。5天后，不出所料地，电报又被退回来了。

此时，乙医院的病理专家也决定用电报将诊断结果传过去，于是他将电文交给了秘书。秘书在将它转交给总机接线员之后，就以为自己的任务已经完成了。殊不知，她忽略了重要一点[SL9]：医院规定，发电报必须要有院方领导的审批意见。如果事情从这里开始转入正确的轨道，那后面的故事也就没什么可说的了，但恰恰是领导那时去开会了[SL10]，而且开完会他就直接回家了。一直到第二天，也就是第三周周四的晚些时候，领导才看到那份发电报申请。

[1] 濯足星期四：也叫耶稣受难日，那天每个基督徒都必须停止工作去参加礼拜。

虽然他当即批复了，但是直到周五的早上，秘书才把电报送到总机接线员那里，接线员才打电话将电文传给了电报局。

终于，在周五晚上，这封电报来到了甲医院的收发室。收发室这次以罕见的高效率将电报直接送到了病理科，放在了办公室的收件箱里。在又一个双休日过后，直到第四周周一的早上，医院才看到那份电报，那份来自另一个大洲的病理专家的诊断报告[SL11]。

此事前后持续了19天。在这期间，甲医院的医生们经历了两难的抉择：患者的乳房可能有癌变，也可能没什么大碍，但是在没有确认病理切片是否为良性的情况下，他们不知该怎样处理。结果，在电报到来前一天，在答案很快就可以揭晓的时刻，他们选择对患者进行乳房切除手术。

后来，他们看到，乙医院的诊断报告上写的是：未见肿瘤。之后他们又对被切除的乳房进行活体组织切片检查，结果和诊断报告写的一样，也没有发现肿瘤。

如果在这个过程当中，能少发生一件麻烦事，那份电报就可以提前到达，而那个手术也就不会实施了。

笔者认为，这一连串的错误事件正是墨菲定律的证明。也许此事看起来太不寻常，但仔细研究一下最近50年内发生的大灾难，你就会发现，墨菲定律无处不在。比如，三里岛和切尔诺贝利的核电站事故、美国宇航局的飞机坠毁事故等。假如这一连串事件中哪怕有一个环节不出错，最后的灾难也就不会发生了。

# 谷歌的大脑

[英国] 卡尔·萨巴格

一般开车的人很少去关心引擎罩下的核心动力是怎样工作的，同样，使用计算机的人也不会去想计算机的内部是怎样运行的。我们也只有在购买新电脑的时候，才会刻意地去了解一下计算机的数据处理能力、内存大小等专业性问题。虽然现代计算机技术已成为我们生活中的基本内容，但是对于它发展的真正水平，普通人恐怕也仅仅是懂得大概。

如果想知道计算机的本领究竟有多强大，笔者建议，可以在谷歌的搜索引擎内输入单词或短语，出来的结果会让你一目了然。比如，输入type一词，只需要0.16秒（时间在屏幕上会显示），计算机就可以找出共27.8亿条包含type的网页列表。也就是说，在不到1/5秒的时间内，它帮你检索了近30亿个网页的信息。如果你输入movable、type这两个单词，它会在0.2秒之内检索出1510万个包含它们的网页。而如果你输入短语“movable type”，就能在0.08秒内知道共有8个不同的网页包含这个短语。而且谷歌还会告诉你，检索出的网页总数共有40个，不过其中很多网页都是这8个网页的重复。

计算机究竟是怎么做到的呢？难道，它真的会在接收到我的请求之后，以最快的速度将互联网上所有内容都浏览一遍，然后再将我所需要的信息收集到一起排列出来，而且整个过程的用时竟然不超过1秒钟？

答案当然是否定的。谷歌使用的招可比这高明多了，不过它的原理却是一样的惊人。谷歌一直处在不停地收集网页的过程之中，没有丝毫懈怠。一旦有新的网页出来，它就会将该网页的相关资料存进它庞大的数据库里。谷歌先是整理出每个网页中的所有单词，然后再将它们归入一张按字母顺序排列的索引表中。那张索引表里的每个单词都有一个详细的备注，备注中显示的就是包含该单词的所有网页。

或者，我可以换一个更简单点的说法。在这张索引表中，单词type的备注里已经标明了27.8亿条左右的网页数量。在我们搜索之前，这个词条和它的索引就已经存在，所以计算机才可以在0.16秒内就告诉你它所"知道"的东西。同理，单词movable在索引表中约有2500万个网页数，不过它的位置要比单词type靠前。当你分别输入movable和type的时候，谷歌就会比较这两个单词的27.8亿和2500万个网址，然后将二者都包含的网址提取出来，单独生成一张列表，上面所记录的就是包含这两个单词的所有网页。

而当你输入"movable type"（加引号）时，表示你想搜索的是两个词组成的短语，也就是说type必须紧跟在movable的后面。这时，发挥作用的就是最开始生成索引的时候所记录的第二个信息块。索引表不仅要记录下单词movable所存在的网页的位置，如12号文档；还要记录下它在该文档中的位置，比如第31个单词，这样我们就可以用类似于坐标的方式（D12，31）来表示这个单词的准确位置。同理，type的位置可能是（D12，32）。比较二者就会发现，词组“movable type”位于文件D12里面，而这两个单词的位置分别为31和32。所以，D12就是包含这个短语的其中一个网址。

曾有无聊的人发明了一种利用谷歌搜索引擎来操作的游戏，名为“Googlewhacking”。玩法就是在谷歌搜索引擎上查找，看看哪些词条在谷歌的海量数据库中只能搜索到一个网页。比如，单词onetiming和lemming，就只在一个曲棍球的留言板上出现过一次。那么，问题出现了，如果Googlewhacking的玩家在自己的网站上公布了这项发现，那么关于这两个单词的信息就会马上被录入到索引表里。这样一来，谷歌的数据库中包含这两个单词的网页就会变成两个：一个是原来的网页，还有一个就是Googlewhacking的网址。也就是说，这两个单词就不是只能搜到一个网页了。

为了避免这种矛盾的情况发生，谷歌就大度地把玩家在Googlewhacking网页上的相关信息从索引表中剔除了。

# 我们2150年见！

[美国] 克里斯托弗·万杰克

现代医学技术确实非常伟大，因为我们已经彻底击溃了很多顽固的疾病，肢体移植、器官移植等也都成了司空见惯的事，就连癌症也可以痊愈。而且，要是某个月内医学上没出现什么重大发现，我们都会觉得不可思议。

不过，我们还需要反问自己：人类的寿命真的增加了吗？未必如此。也许我们可以延缓衰老，但我们并没有活得更加长久。就算我们从10万年前开始算起，人类的最长寿命再也没有增加过，它的最大上限一直保持在120岁左右。

在讨论长寿问题时，我们常常会用到一个术语——预期寿命，它是指一个国家的国民在一段时间内的平均寿命（通常我们对自己寿命的“预期”要远远长于我们国家的预期寿命）。比如，美国在1776年预期寿命只有35岁，到了1900年预期寿命增加为47岁，现在美国的预期寿命已达到72岁。在罗马时代，罗马人的平均寿命却只有25岁。

不过，那时的数据并不完全可靠。希腊哲学家苏格拉底被处死

时就已将近90岁；在公元4世纪，很多基督教牧师也都活到了90岁以上，而且圣安东尼还活到了105岁；89岁高龄的米开朗琪罗还在继续雕刻一尊“圣母怜子像”；著名科学家富兰克林也是直到84岁才去世。此外，很多美国土著酋长都活到了100岁以上，例如约瑟夫酋长和红云酋长（红云酋长100岁时曾在一场车祸中摔断了腿，他直到111岁才因为肺炎去世）。

预期寿命是一个平均数，所以它的统计会包括所有人群，比如说，所有周岁前就夭折的婴儿，所有在战争中牺牲的年轻人，以及所有被疾病夺去生命的人们。美国建国初期，婴儿的死亡率非常高，甚至有1/9的婴儿在1周岁前就夭折了。到了1900年，依然有很多儿童和成人死于麻疹、脊髓灰质炎、天花、痢疾等传播性很强的疾病。虽然现在的医学技术已完全能够控制甚至消灭这些疾病，但在那时人们却无力回天。所以，正是各种因素的综合作用才导致了以前的预期寿命远远低于现在的标准。再比如，罗马人并不是都在25岁左右就去世了，他们的寿命可能是90岁、80岁、20岁，甚至是2岁。当你对所有年龄求平均数时，就会得到25岁的答案。

中非地区一直保持着世界上最高的婴儿死亡率和最低的预期寿命。在非洲某些艾滋病盛行的地方，人们平均寿命只有25岁左右。不过在乌干达，有些妇女既逃过了可怕的战争，也逃过了那些夺取她们同胞生命的疾病，最终活过了100岁，而且这也算不得什么重大新闻。由此可见，在延长寿命极限这个问题上，现代医学确实没有做出多大的贡献。

也许我们用有关成年人预期寿命的数据来说明这个问题会更有说服力。在美国，一个刚出生的男婴的预期寿命是72岁。如果他能活到35岁，那么他的预期寿命将延长至78岁。如果他活到了65岁，那么重新估算的预期寿命会告诉我们他还可以活到82岁。所以说，当人们活到成年和中年以后，预期寿命会变得比较平稳，这在世界各地都是通用的。换句话说，世界上几乎所有超过65岁的老人都很有可能再活10年左右。

从总体上看，日本是公民寿命最长的国家之一，其次就是冰岛、法国、瑞士和德国。在日本冲绳县，百岁老人的比例为世界之最，这主要得益于他们积极的生活方式和低卡路里的饮食习惯。他们平时的主要食物是蔬菜、米饭和水产品等，只在很少的时候才会吃上几片猪头肉。

有些科学家认为，在19世纪以前没有人能活过100岁，而在1000年以前更没有人能活过50岁。显然这种片面的看法是极其荒谬的。除了古书上有明确记载的长寿的名人之外，我们周围的“普通”人，比如农民、木匠、水手等也有能活到看见他们曾孙的年龄。我们还可以举这样一个例子来说明：在意大利撒丁岛和高加索山区，当地人并没有现代医疗技术做支撑，但是他们依然能健康地活到100多岁。所以我们有理由相信，即使在1000年以前，他们的祖先也很可能有着同样的寿命，因为现居民的生活方式是从那时候一直延续下来的。有数据显示，在美国百岁老人的比例为1：5099，而高加索某些地区的比例则高达1：140。（当然，数据有夸大的可能。达能酸奶广告里的那些老人就明显是谎报年龄。比如，在年轻的时候夸大年龄以躲避参加对俄战争，或者干脆给自己的年龄加上20岁好让自己出名。）

那么，我们究竟能活多久呢？在《创世纪》中，亚当和他的子孙们可以活上几百年。玛士撒拉活得最久，寿命长达969岁。当然，这些都只是民间传说。不过有趣的是，《创世纪》中还提到，上帝觉得人类的寿命太长了，于是就规定人类只能活到120岁。这看似信手拈来的数字却正好和人类所记录的最长寿命相近。现在就有一些女性能活到120岁，而世界最长寿纪录的保持者——法国的克莱门则活到了122岁。

现在，我们需要再次引用《圣经》："人人都能活到70岁，强壮者能活到80岁。"这是大卫王在《诗篇90》中对生命发出的感叹，其中提到的并不是120岁。但是在那个充斥着战争和瘟疫的时代，70~80岁的年龄已经算是很高的寿命了。所以，我们再一次发现：人类的寿命在如此长的发展时间内并没有延长多少。

斯坦福大学医学院内很多研究长寿的专家，如博茨博士等都认为，到21世纪，绝大多数人可以活过100岁。相比之下，哈佛大学公共卫生学院的皮尔斯教授则保守很多，他只是说，每个人身上都有能活到85岁的基因，如果平时注重健康，行为得当，那么活到95岁也不成问题。另外，加州大学欧文分校的罗斯教授还预测，以后的科学技术还可以修改我们的基因，这样我们就能活到300岁。虽然罗斯的预言没有任何证据支撑，不过我们或许可以思考一下那300年的生活会不会过得快乐。（欧洲国家现在面临着一个重要挑战，那就是很多75岁的老人在老年大学课余时间无所事事，他们的生活给社会带来很大影响。）

在20世纪初期，发达国家的基础卫生设施得到很大改善，干净饮用水也开始全面推广，所以预期寿命提高到了50岁左右（有史以来预期寿命基本上都在35岁左右）。第二次世界大战之后，日本的婴儿死亡率迅速下降，所以他们的预期寿命很快就成了世界之首。到了20世纪中叶，抗生素和疫苗也开始推广，预期寿命也因此增加了15年。20世纪70年代以来，外科手术和医药技术迅速发展，预期寿命又因此延长了10年。如果我们能彻底消灭癌症、心脏病和脑中风等健康“杀手”，那么我们的寿命还将再延长15年。那时，人类的预期寿命也就能达到95岁了。

要是我们的抗衰老技术再有一些新的突破，那么活到120岁将不再是梦想。在实验中，我们曾经用基因手段或热量控制手段成功延长了小白鼠的寿命，但是人类毕竟不是小白鼠，我们还需要花很长一段时间来研究我们为什么会衰老、怎样衰老等问题，至于延缓衰老的方法只能是更后面的事了。

到目前为止，人类还不曾发现长生不老药。虽然激素疗法可以增加人的精力和持久力，但是并不能增加人类的寿命，而且它的副作用还不明确，所以运动疗法可能比激素疗法效果更好。还有那些所谓的抗衰老药物，比如鹿茸粉、抗氧化剂和生长激素等也都不是什么好药。那些大众保健书籍和医学杂志等常常告诉人们要保持乐观的心态和积极的思维，也未必就能延缓衰老。如果只是简单地思考就能青春永驻，那么动物们就根本不应该衰老，而事实上它们的衰老方式与人类无异。

现在，男性和女性之间的衰老差别越来越小。越来越多的女性进入职场，从事着曾经由男性掌控的职业，她们也因此渐渐失去长寿的地位。美国在过去的20年间，男性和女性之间的寿命差距缩短了很多，而在某些发展中国家，男性早已超越女性成了长寿的领跑者（生育和长年辛苦劳作是加速女性衰老的根本原因）。人口学家还预测，21世纪发达国家男女的预期寿命将持平。其实这种平衡现象在高龄老人中已经非常明显了，美国100岁以上的人口中男性只占20%，而105岁以上的人口中男性已占到45%。

现在，我要用一句马克·吐温式的经典讽刺来提醒人们：我们对长寿的报道已经严重夸大了。虽然很多医院认为在未来10年内会有更多的人活过100岁，但多数发达国家的预期寿命在达到一个峰值后就开始下降。因为，现在的年轻人非常不健康——他们吃得太好却不运动，所以肥胖、糖尿病、心血管疾病和癌症等很容易找上他们。随着腰围不断增长，他们也越来越面临着死亡的威胁。

实际上，美国并不是预期寿命的领先者。根据美国人口普查局国际项目中心的数据显示，1996年出生的婴儿预期寿命为72岁，比日本、新加坡、加拿大、以色列和大部分欧洲国家都少2岁。不过，俄罗斯的情况更差，其男性的预期寿命大约只有59岁，而在20世纪60年代的时候，俄罗斯的预期寿命曾超过美国。仅仅是一代人的时间，为何就出现了这么大的反差？经过研究可以发现，俄罗斯人的主要死亡原因是心血管疾病、意外事故和暴力。此外，伏特加酒也是一个潜在的因素，俄罗斯人每年人均消费的酒精高达4.4加仑，居世界第一。而且，俄罗斯经济不景气、国际地位下降等因素也间接加剧了预期寿命的缩短。

那么，美国会重蹈俄罗斯的覆辙吗？富含脂肪的食物和缺乏体育锻炼会不会产生和伏特加酒同样的效应？当然，我们没有必要去描绘美国的未来，不过可以肯定的是，美国现在的预期寿命虽然处于较高的水平，但巨变只需一代人的时间就可以实现，可能是更好，也可能是更坏。

# 好细菌，坏细菌

[美国] 克里斯托弗·万杰克

我愿意把细菌比喻为单细胞世界里的丹格菲尔德[1]，它们以垃圾为食，可以把土壤变得更肥沃，还可以把我们摄取的食物转变为维生素，可是它们没有受到应得的尊重。一谈到细菌，绝大多数人都成了顽固派，他们恨不得将2000多种细菌都彻底消灭，只因为其中有一部分会让我们生病。

摆脱细菌毫无疑问是一种愚蠢至极的想法。在地球刚形成的时候，细菌可能是出现的第一种生命形式；在几十亿年后太阳爆炸的时候，细菌也可能是最后的生命形式。细菌可以生活在任何一个你能想到的角落里，比如温泉、火山口，甚至是冰冷的南极大陆。古生物学家古尔德曾说，现在不是人类时代；也从来没有恐龙时代，我们会一直生活在细菌时代里。的确，细菌统治着世界，随便抓起一把泥土，你就会抓起一把细菌。

微小的细菌可能比你体内的大多数细胞还要小。一个血细胞

[1] 丹格菲尔德：美国喜剧演员，以“告诉你，我没有受到尊重”的流行语而闻名。他主演的喜剧*No Respect*曾获得格莱美奖。

的直径是5～8微米，而一个细菌的直径只有0.5～1.5微米（病毒最小，直径只有0.05微米）。藻类或蓝绿细菌含有叶绿素，只要有阳光和水它们就能生存。除此之外，其他细菌都要像动物一样吃东西，其中一部分以气体等无机物为食，另一部分则以动植物组织等有机物为食。人的身体内外都被细菌包围着，它们与人们体内细胞的数量比大约是10：1。

人的皮肤上有很多无害的细菌，无论你怎么洗澡也不会把它们冲掉。它们在你出生的时候就来了，并慢慢组建起一个非常紧密的团体。这些细菌不会和你发生冲突，但对前来侵略的细菌却毫不客气。因为你只能提供这么多的皮肤，它们必须要捍卫自己的领土。而且当你的皮肤上覆盖了一层无害细菌后，有害细菌，也就是病菌就很难在你的皮肤上找到立足之地了。

此外，你体内的消化道内也布满了细菌。它们和体内的化学物质一起工作，将食物转化成有用的维生素和矿物质，以保证肠壁能快速吸收这些营养进入血液循环。可以说，没有这些细菌，我们就不能消化食物。婴儿刚出生的时候相对无菌，因此他们能吃的东西很有限。而当他们暴露在细菌中时，会慢慢建立起有效的消化系统和免疫系统。这就像注射疫苗一样，轻微的病毒可以促使体内抗体的形成。血液中含有一些像步兵一样的蛋白质，当有害病菌偷偷越过皮肤防线时就会被它们迅速消灭。要是生命早期没有暴露在细菌当中，那么机体就不会建立起有效的防御系统。

在美国，一些医生认为现在的孩子容易哮喘和过敏，就是因为他们生活的环境与以前相比相对无菌。也就是说，没有暴露在细菌中的孩子，体内就不会产生相应的抗体，所以他们才会对灰尘或花粉过敏。塔夫特大学医学院和梅奥医学中心还在研究中发现，有时候哮喘和过敏就是免疫系统不知道怎么征服入侵颗粒的反应。

那么，我们为什么会变得这么干净呢？因为我们恪守着“干净近乎圣洁”这一格言。我们并不是想让房子干净得发光，只是想让它无菌而已。据肥皂与洗涤剂协会（没错，真有这么个协会）报道，超市里3/4的液体肥皂和1/4的固体肥皂都含有三氯苯氧氨酚，它能够杀死大多数细菌，不管是好是坏。同样，类似的抗菌成分还被加入到床单、玩具甚至牙膏里面。

真的有必要这样做吗？我相信99.9%的人都是不认可的。外界确实存在着坏的细菌，如沙门氏菌（常在鸡蛋内）、大肠埃希菌（常在被粪便污染的肉里）和霍乱弧菌（常在水中）等都会损伤人体肠道，甚至会带来生命危险。但是，这些细菌只有通过高温烹煮才能杀死，抗菌肥皂起不到任何作用。流感令我们非常苦恼，但是它不是由细菌引起的，而是由病毒引起的，所以抗菌肥皂同样起不了作用。此外，还有一些能引起咽喉炎、结膜炎和肺炎等疾病的细菌，只用普通肥皂就可以杀死。

那么，抗菌肥皂的作用究竟是什么呢？首先我们知道普通肥皂可以洗去污垢，也可以洗去病毒和细菌，特别是那些新感染的，还没来得及进入体内或繁殖的细菌。所以，你要是真的想减少有害细菌感染，那就多洗几次手吧，不仅仅是在离开厕所的时候，只要你想起来，随时都可以。当然，这不是让你每天用力擦洗50次，直到搓掉手上的皮。

同样，抗菌肥皂也洗掉了病菌，不过它还在你的皮肤上留下了一层化学薄膜，它可以杀死残留的其他细菌，并在一两天内抑制细菌的再次生长（没有人能肯定）。虽然听起来不错，但是抗菌肥皂并不能100%地杀死某个种类的细菌，很可能会残留下10%生命力比较强的细菌，它们可以抵抗三氯苯氧氨酚这种化学物质。

这下问题来了。残留的那些细菌会不断繁殖，它们的下一代将会对三氯苯氧氨酚有更强的抵抗力，直到最后变异成“超级病菌”，那时三氯苯氧氨酚也就起不到任何作用了。更糟糕的是，抗菌肥皂还杀死了很多无害的细菌，这样有害的细菌就会更加肆无忌惮地在你的皮肤上横行了。厨房里的情形也是相似的。抗药菌会在抗菌肥皂留下的薄膜里繁殖，但是酒精和漂白剂在杀死细菌后会直接蒸发，不会留下供抗药菌繁殖的环境，所以酒精和漂白剂在杀死细菌方面反而更加实用。

如今，抗菌肥皂仍在大量生产，这让科学家们很是担忧，他们呼吁美国国会明令禁止生产抗菌肥皂。但是，我们也不能因为一个人爱干净而责备他，像洗手、处理食物、饮用干净水以及隔离病人等基本卫生保健也确实延长了人类的预期寿命，这可比其他药物治疗和外科技术的作用强多了。在过去的100年里，美国人的预期寿命能从47岁增加到72岁，最重要的原因就是我们改善了自己的行为。而在19世纪中期之前，人们完全不会意识到微小的细菌会导致病人死亡。医生常常不戴手套去做手术，或者在解剖完尸体后不洗手就去接生。当年加菲尔德总统遭到刺客暗杀，医生就是用没戴手套的手检查伤口、寻找子弹，结果导致伤口感染。

19世纪70年代，出现了最早一批研究微生物理论和防腐技术的专家，李斯特（以发明李斯特防腐液而闻名）就是其中之一。只是在19世纪末以前，他的理论不仅没有引起丝毫重视，甚至还受到公众嘲笑。到了20世纪初期，讲究清洁习惯的活动最终激发了公共卫生运动的兴起。人们很快就了解到，可怕的霍乱其实就是由未经处理的污水中的细菌引起的，而这种污水无时无刻不在大城市（如纽约和芝加哥等）的街道内流淌。为了摆脱这些细菌，市民们必须使用清洁的饮用水和烹煮用水。此外，白喉和猩红热都是由垃圾堆里滋生的细菌引起的，所以做好垃圾回收和处理工作就是使社区摆脱这两种疾病的最行之有效的方法。而且，良好的垃圾和污水处理措施还可以摆脱苍蝇，要知道，苍蝇的腿有着很强的吸附能力，它很容易将粪便和垃圾里的细菌带到餐桌的食物上。

虽然，美国人勉强也能接受食物供应中含有排泄物成分的存在，但是他们会要求使用抗菌肥皂清洗。因为大多数细菌感染都是由食物传播的，比如沙门氏菌、李斯特杆菌和大肠埃希菌等，而大量生产食物的工厂里往往细菌滋生，从那里生产出来的大多数肉类中都含有排泄物成分。我们不可能使用三氯苯氧氨酚来冲洗所有食物，只能希望政府出台更好的食品安全政策，把关注重点倾向于当地小型的肉类生产商，而不是那些位于市中心的每小时就能生产几吨肉的大型工厂。

此外，低强度的辐射可以杀死细菌，因此很多健康专家都建议辐射食物。但是美国人非常惧怕辐射，所以专家们不得不用一种委婉的语言解释这种方法为“低温巴氏杀菌”。这个过程可以在屠宰场内进行。但是从屠宰场到家庭厨房依然要经过长时间的运输，食物很有可能在这一过程中被污染。这样看来，只能在家里装上辐射装备了。

在畜牧业中还经常存在着滥用抗生素的现象。细菌特别容易在饲养动物的狭小空间内传播，所以为了预防疾病，拥挤的农场内的牛、猪和鸡等都会被喂食很多抗生素，而较小的不太拥挤的农场是不需要使用动物抗生素的。世界上大约80%的抗生素都是用来饲养牲畜的，这也导致了另一个严重的问题——细菌有了抗药性。

此外，在医学上抗生素也经常被滥用。很多时候病人其实并不需要抗生素。例如病毒性感冒是由病毒引起的，所以抗生素根本不起作用。抗生素通常会被用来抚慰紧张的病人。2001年底，美国爆发了炭疽热恐慌，人们纷纷开始储备能对付炭疽病传染的抗生素环丙沙星。为了以防万一，数以万计的人都服用了环丙沙星。更令人担心的是，他们甚至在刚刚感冒时就服用这种药物。

而在中国，人们很容易就能买到抗生素，滥用现象更是非常普遍。这使得曾经会引起泌尿道感染和其他致命性疾病的大多数细菌在抗生素的刺激下，对氟喹诺酮类（这是一个包括环丙沙星在内的抗生素家族）抗生素已经产生了很强的抗药性。专家对此非常警惕，他们担心同样的事情会发生在美国。现在要是没有环丙沙星等抗生素，我们就会像100年前那样在疾病面前束手无策。肺结核和其他感染病虽然曾经被人类所控制，但是现在它们的抗药性越来越强。为此，谨慎使用抗生素联盟的主席，塔夫特大学医学院的利维在2002年出版的《抗生素的利弊》一书中，详细描述了抗生素的滥用问题。

最后，不管本文的内容你记住了多少，抗生素确实是一种强效的、有毒的药物。当你的健康面临威胁时，你绝对不能像吃维生素一样只依靠这些抗生素药片来维持自己的健康。

# 孤独的机器人

[英国] 玛格丽特·利特尔

迷蒙的夜色中，一个小机器人正战战兢兢地走在公路上。

他不时回头看看，担心那帮凶巴巴的家伙会追赶上来。自从老主人死后，他们只知道永无休止地争吵，瓜分财产。小机器人的生活大不如前。他几乎没办法工作，因为没人顾得上给他充电。他身上的零件叮当作响，可谁也不会想到给他加点油，更别提给他编制新的程序了。

不但如此，那帮家伙还随意支使他干这干那，一会儿拿点心，一会儿递饮料，使得本就体能衰竭的小机器人“噗”的一声摔倒在地，再也爬不起来了。

一个粗鲁的家伙竟然还朝着他的控制中心和脉动节点中间踢了一脚。顿时，小机器人全身震颤不已，信号灯忽明忽暗，发出断断续续、刺眼的亮光。最后，“哗”的一声，他再也不动了，声音也慢慢消失了。

可是，怪事发生了。他自己也不知道这究竟是怎么一回事，他居然能给自己充电了，而且每走上几步，身子就会腾空而起，飞上一会儿。他飞呀，飞呀，在屋里开心地飞转。随后，他找到人工电脑的电钮，把旋钮转到“判断与指导”的位置上。

结果让他完全意想不到：电脑告诉他，这次撞击已经推进了已故主人的试验。

小机器人开始有点儿“意志”了，他可以作出一些决定，采取一些行动。就在刚才，他不是已经给自己充过电了吗？虽然还不能像人类那样深入地思考和自由地选择，但他也拥有一些人的知觉和情感了。电脑已经按照英文字母顺序把小机器人获得的情感一条一条地列了出来。其中，A感代表忧虑，D感代表快乐，E感代表激动，F感代表恐惧……

不过，还未等他看完，那帮可恶的家伙又叫嚣着逼上前来。于是他一跳一跳地跑得飞快，纵身一跃，竟飞过了墙头。

他走过一片小树林，来到了现在这条公路上。

确信后面没人追赶之后，小机器人才慢慢定下心神。这时他发现，这条高速公路竟然是自动移动的，路中间有一条白线，路的两边分别向相反方向不停地移动着。他选择了那条离他跑出来的地方相反的路。他又跑又跳，走过了无数村庄和城市。真有趣，他仿佛变成了一个能自己管理自己的机器人，又似乎是一个身上布满线路的真人。不过，他发现自己不能管理自己的感情，感情就像一个不速之客，好像知道该什么时候出场似的。

有时，当路上只剩下他一个人行走时，他会产生一种非常奇怪的感觉，可惜电脑没来得及告诉他这种感觉叫什么。

他连续游逛了好几个星期，一路上哼唱着一首自己编的，专门在产生D感（快乐）时唱的歌。后来，他快没电了，可是他又没有钱充电，他全身无力，终于在一个风雪交加的日子里倒下了。

直到第二年春天，两个种植检验草的工人发现了他。

本诺是个喜欢修修补补的小伙子，他用万能电源给小机器人做了一下检查，想不到小机器人竟然稀里哗啦地站了起来。这让本诺非常高兴，他给小机器人上了润滑油，又把乱七八糟的触角天线也整理好了。

从那以后，小机器人就在两个小伙子身边做起了在前主人那儿做过的工作——记账、干家务活。他觉得自己终于找到了归宿。

可是，让他万万没有想到的是，这种幸福生活竟有完结的一天。两个工人的工作结束了，他们又接受了到另一星球上种植检验草的新工作，而机器人却不允许做星际旅行。

当小机器人知道一直修理、照顾他的本诺竟然想把他卖掉时，他简直气坏了。其实本诺也是没办法。在市场上，几个买主上下打量着小机器人，还不时伸手掐掐他的防护衬垫。

最后，本诺实在忍无可忍了，他带着小机器人回到了已经转让出去的房屋里。新房主倒是个老实本分的人，但他眼下的境况非常不好，家里好几口人都靠他一个人来养活，他担心自己负担不起机器人的保养费。

最后，小机器人留在了屋里，本诺则一个人离开了。他等啊等，等了很久，本诺也没有再次出现，以前独自一人流浪时的那种难以形容的感觉又回来了。他所经历的一段有朋友相伴的最美好的日子再也回不来了，他今后又该怎么办？

小机器人慢慢走到新房主的身边，小声说道："对不起，我能帮您种草。"

那人吓了一跳，吃惊地看着他。房主的两个活泼可爱的小男孩也好奇地打量着他。

“我的使用费和保养费或许没有您想象的那么昂贵，而且，我会算账，什么活儿都会干。”

那两个小男孩先是瞪大双眼不解地望着小机器人，后来又焦急地看着他们的父亲。小机器人突然产生了强烈的H感（“H”代表“绝望”），他头顶的触角式天线不知不觉地越垂越低。新房主看着他，似乎明白了什么，犹犹豫豫地说：“他就像一个有感情的生物，看上去十分孤独。”

两个男孩不理解什么叫孤独，做父亲的就解释给他们听。这正是小机器人常常感觉到却叫不出名字来的那种感觉。

原来，他一直在体验孤独。

小机器人缓慢地转过身，朝来时的那条移动公路走去。

“喂，小机器人，停下来！我们要你了。”是那父亲在喊。

“孤独的朋友，别一个人离开，”两个小男孩大喊着，“和我们一起生活吧！”

小机器人害羞地垂着脑袋，胸中却抑制不住激动。他转过身，飞快地向他们跑去，边跑边用脚板打节拍，哼唱着他的那首D小调。

# 原始人的村落

[苏联] 米哈伊尔·米哈伊洛维奇·普里什文

我一直盼望能和历史学家一起到一个偏远的乡村去研究那里的多神教。后来，一个偶然的机会，研究方志的青年们、研究动物的专家、画家、摄影师等，还有我，共同组成了一支庞大的“考察队”，浩浩荡荡地向着一处原始村落出发了。

我们乘坐小船很快就来到了被涅尔利河和库布里河所包围的地方。这里就像是几千年前的新石器时代一样，到处都是天然的沼泽和林木，没有一丝人烟。不过，那时的人们可不敢穿越荒野，他们可能只是在偶尔划船经过时发现了这处水草丰茂的地方，然后才定居下来开始捕鱼和打猎。不过对于热爱探险的我们来说，自然是要溯流而上，找到它们的源头了。我们找到的第一个落脚点就是树林中一块非常干燥的空地，我想在很久以前这里一定是渔民们曾经生活过的地方，而且一定残留着他们当时的文化。

接下来，我们又开始沿着韦克萨河向前走，来到了一个不同寻常的河岸。河水非常清澈，我们可以直接看到水底下那些黑乎乎的东西，用考古学家的话来说那是文化起源层。前面树林的空地上，还可以清晰地看出很久之前人们耕种过的痕迹。那些年轻的学者早就听说过这个尚未被发现的原始人村落遗址，所以船还没靠岸，他们就开始打捞起水中的文物了。现在，你可以看到他们的劳动成果：有的捞到了破碎的瓦片，有的捞到了手工打磨的燧石，还有的捞到了巨石器。在这项工作中，田鼠的功劳可不小。它们非常熟悉这里，我们可以从每一个田鼠堆中获得意外的发现，比如瓦片、燧石、长刮刀、剪刀、凿子，还有小斧子等。

“这些已经足够说明了，”看到这些东西，考古学家激动地说，“现在我们可以开始挖坑了，这样的村落遗址这么多年来我还是头一次看见。”

确实，在广袤的土地上，被发现的原始村落遗址已经有上百个，但是像这样的遗址还真是第一个。

廖瓦的举动引起了我们的注意。他正用铁锹努力地挖着，非常用心，似乎是迫不及待地想要发现什么。果然，没过多久，他就看见了母岩和水。

这时，考古学家细心地叮嘱他说：“现在你需要换工具了，应该用小铲子切，就像你在家用刀切干酪一样。”

我们都听从了考古学家的建议开始工作起来。很快，我们的眼前就出现了一层黑色的东西。没过多久，又出现了一层黄色的沙层。接下来又是一层黑色的东西，然后又是一层黄色沙层。其中，那些黑色的东西就是埋葬土。

“埋葬土？这些都是遥远的石器时代留下来的吗？”廖瓦歪着头，好奇地问道。

考古学家想了一会儿，说：“原则上可以这么讲。”

之后，考古学家又踱着步走到了河边，虽然那里到处都是茂密的芦苇，但是他依然发现了芦苇掩盖下另一条河流的入口。接着，他又走进了森林，开始仔细地寻找起来。不一会儿，他就回来告诉我们说："很久以前，这里很可能就是普列谢耶沃湖的湖岸。"

"这里竟然是湖岸？那得是多遥远的事啊？"廖瓦刚听完就激动地叫嚷道。

"大概几千年以前吧。虽然我不喜欢这种模棱两可的说法，不过我相信那的确是非常久远的事情。"

"天啊！太不可思议了！现在我真的很想知道，那时候这里究竟是什么样子啊？"

"很久以前，这里应该只有湖，没有河。后来大自然中的水分越来越多，这个庞大的湖再也容纳不下更多的水了。于是，湖水开始向外流，形成了另一个湖。后来这个湖也满了，又出现了很多支流，慢慢地河就形成了。在石器时代前期，原始人类开始来到湖边捕鱼。后来他们发现岸边可以定居，就纷纷住了下来，这也就到了石器时代的后期。其实，文物对我已经没什么吸引力了，我更关心它们的分布情况。现在我们需要把不同层的文物分类放好，然后用小纸片做好标记。"

突然，廖瓦的小铁锹好像碰到了什么坚硬的物体，原来他挖到的是一个小块的瓦片。廖瓦兴奋地将瓦片捧到我们面前，就像手中捧着西徐亚人公墓中的金质文物一样，谨慎极了。教授看了看说："这可是原始人纯手工制作的，你们看，这是没有烧制过的黏土，上面还布满了密密麻麻的小坑呢！"

"现在，我倒宁愿它是西徐亚人公墓中的金质文物。"廖瓦看上去不像开始时那么兴奋了。

学者们当然不会像廖瓦那样，他们认真地欣赏着这个瓦片，每触碰一下都会觉得非常幸福，口中还不停地赞叹着："这是古物！"

"那这个呢？又是什么？"

"这个比刚才的年代更近一点，上面还有网线格，对我们的研究将会很有帮助。我们现在拥有的新近文物太少了。"

不过，大家对这些文物的价值有不同的认识。年轻人认为新近的文物更有研究价值，而一些年纪稍长的人则更喜欢久远的文物。所以我们一直在很认真地寻找着更多被埋葬的古物，并很快学会了一些考古学专用名词，比如陶器、法季扬诺沃文化、季亚克文化等。

后来，我们又学远古渔人把杆子插起来，把茶壶吊起来，大家一起围在篝火旁品茶聊天。脚下是渔人留下的骨头，而远处则是被我们发掘出来的属于远古渔人的记忆。

不过，学者们可都没时间休息，他们一直在对文物进行分类整理。他们分配起来熟练极了，就像他们也用过这些工具一样。

"你们快看，这是什么？"突然一个声音传了过来。

"很有可能是女人的指甲，他们那个年代都是女人在干活。"

"你凭什么说一定是女人的指甲呢？"

"你看看这些首饰就知道了，女人和饰品是永远分不开的，而且很多人都能根据手指的印记来判断性别。"

"那照你这么说，你确定这就是女人的指甲印了？"

"怎么能说得这么绝对呢，我们应该说可能！"

"那么，他们又是什么人呢？应该属于哪个民族啊？"

"我们现在无法确定他们的任何信息，他们非常神秘，无论是种族还是面貌，我们都无从知晓。不过，也许我可以猜想，他们很可能就是阿利安人。"

大家在篝火旁热烈地讨论着，只有菲利蒙还在村落的遗址上来回走着。后来，我们见他手上拿着一个圆形的小东西，兴奋地走过来，说：“你们看，这是茶壶嘴，莫非他们也喝茶？”

当然，在学者们看来，那时的人们刚刚懂得如何获取火种，器皿也只是用来装东西而已，还不会联想到用器皿去煮东西。

虽然菲利蒙很认真地在听学者们解释，但是他的眼神里分明写着疑问：“到底有谁真的见过？”

一直以来，菲利蒙都只相信他亲眼见到的，对别人的说法永远都不相信。而且，他更不会像学者们那样，仅仅通过一些文物和文献资料就对从来没见过的事情加以猜想。

虽然每个人都在嘲笑那个茶壶嘴，我却有点认同菲利蒙的看法。每当学者们给孩子讲述石器时代的相关知识时，他们必须从现实社会中找出一些事物作对比，例如木工、铁匠、石匠等。有时候，我们从他们的神情中仿佛就能看出那些故事的真实性，可以想象出一个外貌和现代猴子长得很像，智慧却远远不如的远古猴子……

河面上慢慢地飘起了薄雾，我却还在回想那些有趣的事情，沉浸在自己的思绪之中。最终，湿润的雾气唤醒了我，我们整装待发，又要起程了。不知道在下一个村落遗址，我们又会了解到怎样的远古时代。

# 柞树林和松树林的争论

[苏联] 尼·巴甫洛娃

年轻的鸟儿们总是喜欢多嘴，唧唧喳喳地说个不停。通常情况下，人们对这事并不理会。不过，曾经却有两个和善的好邻居——柞树林和松树林差点被一只3个月大的小鸟离间了。

柞树林和松树林做邻居已经有好多年了，柞树林生长在河边，松树林站在更高一些的河岸上，彼此从来都没有妨碍过对方。从春天一直到深秋，松树林都是单调的灰绿色，所以她们特别喜欢和漂亮的柞树林聊天。柞树林的衣服多姿多彩，上面既有椭圆形锯齿状的橡树叶，也有心状的菩提树叶，还有长着尖角的宽阔的枫树叶。夏天的时候，柞树林是浓浓的碧绿色；到了秋天，她们就穿上了黄、红、橙交织的彩色衣服，简直壮观极了。

深秋之后，就是冬天。柞树林会把自己的衣服都脱下来，铺在地上，而自己就这样赤裸着沉沉睡去，一直睡到第二年春天回来的时候。松树林也会在寒冷的冬天睡觉，大家都默不作声，因为她们都只剩下一丝微弱的气息了，哪还有精力说话啊！

不过，令人不解的是，就是在这样清冷的冬季2月里，柞树林和松树林开始争执起来。

当然，那几天天气稍微转暖，已经开始化冻了，所以树木才从漫长的风雪中慢慢苏醒过来。柞树林舒展着身体，表达着自己对温暖阳光的喜悦。不过，松树林的运气就差多了，她的身上落满的不是雪花，而是一群突然从天而降的小鸟——红色和灰绿色的交嘴鸟。虽然交嘴鸟的到来点缀了松树林，可是他们也开始进行疯狂的掠夺：剥开松果，然后吃掉里面的松子。

松树林的气氛喧嚣起来。可是交嘴鸟毫不在意，他们甚至都没有注意到旁边还有一片柞树林。柞树林里安静极了，于是就有一只喜欢闹事的年轻的交嘴鸟开始嘲笑起来：

“喳，喳！伙伴们，快看下面！那片树林太不像样了，死气沉沉的。上面既没有一根针叶，也没有一个果实。”

“喳，喳！死树林，死树林！”其他的交嘴鸟也跟着起哄，开始大叫起来。这群交嘴鸟是在阔叶树落叶后从蛋里孵出来的，所以他们从来没见过阔叶树。

“什么？死树林！你们说我是死树林！”

委屈的柞树林此时是那样希望松树林能挺身而出，为她辩护，向愚蠢的小鸟们说明一切。

可是松树林根本顾不上这些。她损失了很多的松果，有气没处发泄，正恨不得咒骂全世界。所以，气急败坏的松树林听到鸟儿们的嘲笑后，竟然说出了这样的话：

“没错，鸟儿们说得很对。你现在简直就是奄奄一息了，哪像我，一年四季都是碧绿碧绿的，一年四季都是这样精神饱满。”

“不对，”柞树林大叫起来，“我的精神可比你好多了。你瞧瞧你自己，身上连一个芽都没有！”

“芽？”松树林惊讶极了，“大地都被冰冻了，我身上怎么可能长芽。不过，我这儿所有的松树身上都长着长长的绿色针叶，所有的灌木——杜松——身上也都长着短短的针叶。而你呢，你的叶子又在哪儿？”

“在地上，”柞树林坚定地说，“我这儿的泥土可没有结冰，它和春天时一样松软，一样潮湿，所以地面上全是芽。现在，白雪花[1]的芽正要从泥土里钻出来呢！”

“你这是在说梦话吧！”松树林冷冷地说，“哪有什么白雪花啊！你忘了几天前有多冷了吗？树皮都要冻裂了。你肯定是做梦看见白雪花了吧！”

“不是梦，是真的。我这儿的白雪花正迫不及待地想要快些长大，快些开花。”柞树林依然非常肯定地说。

“绝对是梦！”松树林也不肯认输。

就这样，她们争论了好久，可松树林还是不信柞树林的话，她说：“除非有见证者亲口告诉我，否则我是不会相信你的。”

“那我要上哪儿去找见证者啊？”柞树林开始犹豫了。她的目光从雪地上掠过，突然欢呼起来：“有了！这不就是见证者吗，我怎么给忘了。每到融雪的时候，雪水就会淹没他们的家，所以他们就不得不爬到外面来。”

原来，白雪上正躺着一些黑色的幼虫，他们的身子长长的，皮肤亮亮的，身上还有环节。没错，那就是萤火虫的幼虫。他们一听到柞树林要让自己当见证者，都开心极了。

“芽啊？”幼虫们说，“那些雪下的芽真是让我们伤透了脑

---

1 白雪花：一年生草花，花色纯白，性喜冷凉气候，早春时就能开花。

筋。我们刚在树叶下盖好一座小房子，就不知道从哪儿冒出一根弯成环状的白色芽，把我们的地板都顶上去了。我们只好躲开这个驼背芽，搬到另一个地方去。谁知，我们刚想睡觉，又不知从哪儿冒出来一根卷着的叶子，把我们给戳醒了。而且，那叶子就像是锥子一样，越长越长，马上就要戳破天花板了。”

“听见没，松树林？”柞树林开心地说，“听见我这儿的见证者是怎么说的了吧？”

“是吗？我什么都没听见啊！”松树林回答说，“头上有这么一群鸟在唧唧喳喳地乱叫，怎么能听得清楚啊！”

柞树林知道松树林在装傻，更加生气，决定再也不理她了。

天渐渐黑了，月亮爬上了天空。那位喜欢挑拨是非、寻衅闹事的交嘴鸟也早就和他的朋友们躲在枝丫间睡着了。夜晚的树林显得异常安静，如果没有那些散落一地的黑乎乎的松果，谁也不会想到在刚刚过去的一天内，松树林里来了这么多的不速之客。都是这些爱吃的鸟儿闹的，松树林连睡觉的心情也没了。或许，还有别的事情让她放不下吧。

不管怎样，松树林最后长叹了一口气，轻轻地说道：

“晚安了，柞树林！祝你的乔木、灌木，还有雪下的植物芽、幼虫什么的，都安安稳稳地休息，睡个甜甜的好觉吧！”

# 两班制

[苏联] 尼·巴甫洛娃

初春的一天，野蜜蜂早早地就出来找花了。他来到学校的花园里，看到那里有几棵还没发芽的丁香树，树的中间还有一株紫堇。

紫堇刚刚从睡梦中苏醒，于是就伸了伸懒腰，展开了叶子和花朵。她那花的样子简直怪极了，前面有一张非常可爱的面孔，下嘴唇还微微向前撅起，脸庞的下面是一个圆圆的小肚子，后面还有一根尾巴呢！

“我要找的就是这个！”野蜜蜂高兴地说。

他马上降落在小花的面孔上，把吸管伸进里面，开始享受起甜甜的花蜜。

不一会儿，野蜜蜂就把所有的小花都访问了一遍，他感激地说：“谢谢你，紫堇！现在你有什么事情需要我帮忙吗？我一定可以帮你完成的。”

紫堇回答说：“我是在一片阔叶树林里诞生的，直到去年，一群小孩子才把我挖到了这里。可是，我在这里寂寞极了，很想念我在阔叶林里的朋友们，你能帮我向他们问好吗？”

“那你说的那片阔叶林在哪儿呢？”野蜜蜂问道。

“就在那个又温暖又明亮的地方，就在那个大家都过得很愉快的地方。”紫堇回答说。

于是，野蜜蜂回去向他的蜜蜂朋友打听清楚之后，就朝着阔叶林的方向飞去了。

他飞过了一片灰色的草场，那里的小草刚刚发芽；他飞过了一片茂密的灌木丛，那些灌木的小叶正小心翼翼地露出嫩梢。他飞啊，飞啊，突然发现自己已经到阔叶林了。高大的阔叶树都还没有长叶子呢，温暖的阳光从树枝间直直地照在了地面上。地上的植物都在争先恐后地开花，春天的到来着实令他们欢乐无比。

在那新鲜的绿草之间，是一束束粉红、淡蓝和深蓝色的小花，色彩斑斓。此时，草玉梅的金黄色花萼正笔直地耸立在叶子上，叶子的边缘还有像花边一样的裂缝。旁边的小洼地被一些淡绿色的小圆叶覆盖着，那是白屈菜，她头上的小黄花就像被油漆刷过一样，在绿色的衬托下更显得闪闪发光。而那些紫色的紫堇则藏在了灌木光秃秃的树枝下，旁边还有一棵纤细的黄色顶冰花在做伴呢！

“这儿到底有多少美丽的花啊！”野蜜蜂惊讶极了，“怎么你们这儿开花开得这么早呢？”

花儿们回答说：“因为我们去年就为自己贮存了足够的食物。冬天的时候，大树的落叶覆盖在地上，为我们织成了一张厚厚的被子，里面暖和极了，所以我们早早地就开始生长了。”

接着，野蜜蜂飞到灌木下，向这些紫堇讲述了她们那位被挖走的朋友的故事。

“不如，把我们的花粉给她送去吧！”紫堇说，“她只要收到我们的花粉就可以结籽了。等到了明年，她就会有一群孩子，那样

她就再也不会孤单了。”

野蜜蜂采纳了紫堇的建议，将她们的花粉带给了校园里的那株紫堇。于是，孤单的紫堇花就开始结籽了。

到了春末，当野蜜蜂再一次来到校园的花园里时，紫堇已经失踪了。不过，他却遇到了一株铃兰。铃兰的叶子是椭圆形的，一片抱着一片，旁边还有一根细茎，上面开满了白色小花。

野蜜蜂从铃兰的小花里喝够了甜甜的花蜜，他开心地说：“铃兰，谢谢你！你有什么心愿，我可以帮你啊。”

铃兰想了想说：“我是在一片阔叶林里诞生的，去年我被一群小孩子挖到了这里。在这儿，我觉得非常孤独，你能帮我向住在阔叶林里的朋友们问好吗？”

“那你说的阔叶林又在哪儿呢？”野蜜蜂问。

“就在那个绿树荫浓的地方，就在那个既清静又凉快的地方。”

野蜜蜂回去之后向他的蜜蜂朋友问清了路，然后就向那片阔叶林出发了。

他飞过一片绿色的草场，那里的蒲公英和雏菊正在开花；他飞过一片茂密的灌木，报春的柳树上满是白色的绒毛。他忽然发现，自己已经在阔叶林中了。

如今，高大的阔叶树都换上了美丽的绿装，浓密的枝叶遮住了阳光，树底下正是又潮湿又凉快的地方。铃兰的小花如小罐子一样挂在弯弯的茎上。

野蜜蜂飞到了铃兰的面前，将那位远方朋友的故事告诉了她们。

“没关系！她不会孤独很久的。”铃兰安慰道，“她的根茎会不断地长出新芽，过不了多久，那儿就能长出一大家子铃兰了。要是你能帮我们把花粉送给她，那她就可以结籽了。”

就在野蜜蜂想要离开时，无意中看到了草玉梅的叶子，他这才想起不久之前，他帮紫堇时已经来过这里。原来，她们说的是同一片阔叶林啊！

野蜜蜂飞过去想同上次的朋友打招呼，却发现那些五彩缤纷的花朵都不知去向：紫堇不见了，黄顶冰花也不见了。

草玉梅说："因为她们都已经开完花了，该做的事情都已经做了，现在正在地下睡觉呢。你要等到明年春天，才能再见到她们呢。"

野蜜蜂一听，恍然大悟："原来，学校里的那株紫堇并没有失踪，她也在地下睡觉啊！"

草玉梅又告诉他："我们是分两班开花。当树木还没有发芽的时候，阳光充足，所以树林里喜阳的植物就率先开花了。后来树叶越来越密，下面的阳光也越来越少，这时树林里喜阴的植物才会探出身子，努力开花啊。"

"这太有趣了！"野蜜蜂兴奋地说，"你们虽然生长在一个地方，住得很近，却有着截然不同的生活方式啊！"

说完，野蜜蜂高高兴兴地告别了阔叶林，向着学校飞去。在那里，孤独的铃兰还在盼望他的好消息呢！

# 羊毛和布料从哪儿来

[法国] 让·亨利·卡西米尔·法布尔

保罗是一位和善的、受人尊敬的人，他不但学问好，还非常乐于助人，镇上的人都尊称他为“保罗先生”。保罗没有娶妻，也没有孩子，不过他哥哥的三个孩子爱密儿、喻儿和克莱儿每年都会来他这里住上一段时间。保罗的田地和家畜一直是由杰克和他的妻子恩妈照管着，他们夫妻俩非常勤劳，每天一大早就起来忙活。这不，趁着今天天气暖和，杰克又为自己安排了一项特殊的任务。

## 羊毛

架子的斜板上横卧着几只羊，它们的脚都被绑得严严实实的。为了让它们在此耐心地等着，这也是没有办法的事。而作为人类必需品的提供者，这些无知的牺牲品正顺从地躺着，仿佛在等待着悲惨命运的来临。

地上还放着一把剪刀。难道它们要被杀掉吗？噢，当然不是！它们只是要被剪羊毛。杰克捉着羊腿把一只羊拉了过来，放在剪羊毛架的两块斜板中央，并随手拿起那把大剪刀，开始咔嚓咔嚓地剪起羊毛。慢慢地，地上的羊毛越积越多。小羊被杰克剪完羊毛之后，就会重获自由。可是，打着冷战的小羊看起来非常难为情，因为它刚刚把自己的大衣脱给别人了。

接着，杰克又将另一只羊放上架子，开始咔嚓咔嚓地剪了起来。

“杰克，你能不能告诉我，小羊们被剪去羊毛之后，会不会觉得很冷啊？你看，刚刚那只羊正在那儿哆哆嗦嗦地发抖呢。”喻儿好奇地问道。

“没关系的。我特意选了个暖和的好天气给它们剪羊毛。它们现在只是还不习惯，等到了明天，它们就不再需要羊毛穿了。而且，羊受点儿冷，让我们暖和一些不是挺好的吗？”

“我们？这与我们有什么关系？”

“奇怪？你们念书识字的人，连这点都不明白吗？我们可以用羊毛做袜子，编织绒线的东西，在冬天里享用。而且羊毛还可以用来做绒布，绒布可是做衣服的好材料啊！”

“你乱说。”最小的爱密儿叫了起来，“羊毛这么脏，怎么能做袜子、绒线和绒布呢？”

“没错，现在它们看起来确实很脏，”杰克并没有反驳爱密儿的观点，“不过，之后它们会被拿到河里去洗，洗得白白净净的，然后再放到恩妈的纺车上，做成绒线。这种绒线就可以用针织出袜子了。那些不得不在雪地中行走的人们通常都非常喜欢它，喜欢把它穿在脚上。”

“我从来没见过红色、蓝色或者绿色的羊，但是我常常看见红、绿、蓝等各种各样的颜色的绒线。”爱密儿说。

“其实，那是染色的结果。人们先把剪下来的羊毛洗干净，然后把它们和颜料、药料一起放进沸水里面煮。一段时间过后，拿出来的羊毛就从白色变成其他颜色了。”

“那么绒布又是怎么一回事呢？”

“绒布是用做袜子的绒线织成的，只要把绒线交叉着整齐而紧密地编织起来就成绒布了。当然，这需要用到非常复杂的织机，一般人家里都不会有那种大机器，只有在那些生产绒毛产品的大工厂里才能看见它。”

喻儿听完后，若有所思地说：“这么说，我身上穿的裤子、外套、围巾甚至袜子，都是用羊毛做的，都是我们从羊身上掠夺下来的东西喽？”

“没错，为了御寒，我们必须穿上绒织的衣服。这些可怜的小东西不仅把羊毛供给我们做衣服，还为我们提供鲜奶和鲜肉，甚至它们的皮都会给我们做手套。所以，我们是靠着这些家畜的生命在生活啊！公牛为我们提供力气、肉和皮，母牛则为我们提供牛奶。驴、骡子和马，生前一直在为我们干活，死后还给我们留下制作皮鞋用的皮革。此外，母鸡可以下蛋，狗还可以看家。我们要是没有这些家禽家畜，生活不知道会多贫困。”

杰克顿了顿，又接着说道：“然而，可恶的是，有的人经常平白无故地鞭打它们，让它们受冻挨饿，那简直就是无情地虐待啊！我们不要去想那些没有良心的人！每当我想到这些可怜的家伙把它们的一切甚至生命都给了我们的时候，我都会感激不已，我一定会把自己的最后一片面包与它们分享。”说着，杰克手中的剪刀又咔嚓咔嚓地响起来了，地上的羊毛也在慢慢增多。



### 亚麻与大麻

爱密儿听了杰克关于绒线的那一段长篇大论之后，开始仔细地观察起自己的手帕。他把手帕翻来覆去地观看，这儿摸摸，那儿摸摸。杰克大概已经猜出爱密儿心里的疑惑了，他说：

“手帕和麻布不是用绒线制成的，而是用植物，比如棉花、大麻、亚麻等制成的……不过，这些东西我也不是很懂。虽然我听别人说过棉花，但我自己从来没有见过。而且，我现在不能再和你们聊天了，否则，我一不小心就会剪到羊皮的。”

到了晚上，喻儿还惦记着棉花、大麻和亚麻的事情呢。他们一直在询问着关于衣服材料的问题，于是保罗就细心地讲了起来。

“大麻和亚麻的外部是由长的线组成的，我们称它为纤维。纤维非常精细和柔软，韧度很高，我们常用的布基本上都是用纤维制成的。其中，奢华一点的，如麻纱、网纱等，都是亚麻做的；粗糙一点的，如麻袋之类就是用大麻做的。此外，棉花纺成的棉布也可以给我们做衣服。

“亚麻是一种纤细的草本植物，它开出的小花是蓝色的，非常美丽。法国北部、比利时和荷兰等地方都种植了很多亚麻，每年都可以收获一次。而且，亚麻还是人类发现的第一种用来织布的草本植物。在4000多年前，埃及贵族死后被做成木乃伊时，就是用麻布裹着的。”

“木乃伊？什么是木乃伊？”喻儿忍不住插了一句。

“好孩子，我来告诉你吧。无论在任何时代、任何地方，尊敬死者一直以来都是人类的传统，不过尊敬的形式会因时代、场合、风俗的不同而改变。比如，现在世界通行的葬法就是把死者安葬在墓穴里，并在墓前立一块碑，上面刻着一篇简短的墓志铭。如果是基督教徒，那么就会在墓前立一个十字架，作为生命永恒的神圣的象征。有的地方的人们把死者的尸体火化后，会虔诚地将烧完的骨灰放进贵重的瓶里。不过，在古老的埃及，他们会把所珍惜的人的尸体保存在家里，并用香料浸泡，然后再用麻布紧紧地裹住，这样就可以防止尸体腐烂。他们的工作做得非常细致，以至于几千年之后，我们仍然能看到古埃及国王的尸体被完好地保存在香木做成的棺椁里面。不过，因为年代实在太过久远，这些尸体已经变得又黑又干了，这就是我们所说的木乃伊。”

解答完喻儿的问题，保罗又接着讲起了关于大麻的故事，他说："大麻也是一年生草本植物，它会散发出一种强烈的、令人作呕的气味。它的茎很厚很密，足有2米高，上面长着一些绿色的小花，但看起来非常不明显。和亚麻一样，它们能用的也是皮和籽。"

"我想，我们喂给金翅雀吃的，就是它的种子吧，"爱密儿说，"金翅雀会用嘴咬开壳，吃里面的小仁儿。"

"没错，大麻的籽是鸟儿们最喜欢吃的。"

保罗接着说："不过，大麻的皮没有亚麻的精细。亚麻的纤维非常细致，25厘米长的麻丝可以在纺车上纺成4千米长的纱线，有的纱线甚至可以和蜘蛛的丝相比。

"当大麻和亚麻成熟之后，人们便开始收割，然后将它们的籽打出并另外存放，这样便于日后使用。接下来，就要开始浸麻工作了。浸麻的目的就是把麻皮（也就是我们所说的纤维）和麻梗分开。因为，它们的纤维被一种胶质紧紧地粘在麻梗上，很难分离，只有用水浸泡之后才能去掉那些胶质。人们在浸麻时，可以把它们直接散布在田里，然后时不时地帮它们翻翻身，2星期之后，麻皮就自然而然地和麻梗分离了。

"不过，最快的办法是把亚麻或者大麻捆成一束，浸泡在池塘里。它们在水里很快就会腐烂，然后发出一阵阵难闻的臭气。那时就说明它们外面的表皮脱落了，天生具有特殊抵抗力的纤维也就凸显出来了。

“接下来，人们就把捆好的麻解开来晒干，然后再将它们放在梳麻机的牙齿上分开，把麻梗截成几段，以便抽取麻皮丝。最后，人们再用一把叫作‘麻梳’的大木梳把麻皮丝上的梗屑都清理干净，这样麻丝就会在大木梳的窄缝中分散成一根根精美的线了。这时，人们就可以用梳理好的纤维来纺线了，可以是手工纺，也可以是机器纺。最后，纺成的线就是用来织布的材料。

“接下来要出场的是织布机。人们把纺好的线整齐地排列在织布机上，我们把它称为经线。织布者用脚将下面的踏板用力一踩，这些经线的一半便会沉下去，另一半就会升上来。这时，织布者再把梭子上的线（即纬线）从经线的中间横穿过去，从左到右，再从右到左。经线和纬线交叉排列，布就被织出来了。

“完成之后，那些从草本植物中出来的纤维就换了身份：大麻的皮变成了布，而亚麻的皮则变成了高贵的花边，每一块都值好几十元钱呢。”

## 棉

“现在，我要说的就是我们织布用的最重要的一种材料，它是由一种温带植物——棉花所产的。棉花是一种草本灌木，植株大约有1～2米高。它那大大的花芯内包裹着像果实一样的棉团，每个都有鸡蛋那么大。这些棉团有的是雪白的，有的则会带点浅黄，这要看棉花的品种。其实，棉团就是由丝质的棉绒组成的，棉团的中央是棉花的籽。”

“春天的时候，我好像见过这一类的棉团，它们会从杨树和柳树上飞下来，一片一片的。”年龄最长的克莱儿说道。

“这的确是一个恰当的比喻。”保罗忍不住夸赞了一句。

“杨树和柳树都会形成细小的絮团，形状像长而尖的果实，比一枚针的针头要大三四倍。每年5月的时候，絮团就会成熟，那时它们会用雪白的絮包裹着种子飘落下来。假如当时没有风，那么飘絮就会直接落在树根旁边，叠成一床像雪一样白的絮绒。但是，假如当时有风，即使它非常微小，飘絮也会带着种子飞到很远很远的地方。在它们最后落下的土地上，就有可能长出嫩芽。这种情况并不少见，很多草类种子都有类似的经历。它们也会长出丝质的绒毛，这些绒毛在风的作用下轻轻飘起，飘过很远的路程，将它们的子孙传播到各地。比如，你们都还记得蒲公英吧！你们不是很喜欢把它丝绒一样的籽吹散在空中吗？”

“那么，杨树上的絮和棉花的用处一样吗？”喻儿问。

“不一样。杨树的絮太小了，收集起来非常困难。而且它们的絮很短，没法在纺车上纺线，所以对我们来说没有什么用处。不过对动物们来说，这种絮的用处可大了。鸟儿们可以把它拾起来，铺在自己的巢里当床垫。金翅雀是鸟儿中最聪明的，它做的巢特别坚固和整洁。金翅雀会衔来杨树和柳树的絮，并从羊身上啄来一些绒毛，再采来一些蓟子上的毛冠，然后就可以在小枝丫分岔的地方为它们的小宝贝建造一个杯形的褥子，既温暖又绵软，可以说比小王子的襁褓还舒服啊！

“鸟儿们会选择用手头的材料来建造自己的巢。每当春天来临时，金翅雀一点儿都不担心缺乏建巢的材料，因为它们相信柳絮、蓟子和路旁的荆棘一定能为自己提供相应的材料。鸟儿们没有智慧去使用复杂的工业产品，所以它们不能提前为自己储备所需的材料。但是人类就不同了，我们能通过工作和思考获得各种东西，我们有尊贵的权利，能从遥远的国家获得棉花。而鸟儿们就只能在它们的林子里获取杨树上的絮。”

“那我们人类是怎样利用棉花的呢？”喻儿迫不及待地问道。

“成熟的棉团裂开后，里面的棉绒会完全显露出来，那时人们就可以用手把它摘下了。采摘下的棉绒要先铺在布上，并放在太阳底下晒干。之后再用打禾棒敲打，条件好的可以放在机器上轧。这样，棉花就把种子和壳分离出来了。而且，我们要做的工作就这么多，之后，不需要其他的加工，棉花就可以一大捆一大捆地直接搬到工厂里去做布了。世界上产棉比较多的国家有印度、埃及、巴西等，而最大的产棉国之一就是美国。

“欧洲工厂里每年所用到的棉总计可达8亿千克。这个数目并不是很大，因为世界上所有人都要穿这种由棉绒做成的印花布、细棉布或者白洋布。可以说，人类的任何活动都比不上做棉花生意所涉及的范围广。为了那些几毛钱一尺的布，不知道有多少工人贡献了自己的劳动，其中又涉及了多少巧妙的技术、多少崎岖的路程，真是很难算得清楚。

“一团棉，也许就是从几千米以外的地方运过来的。它们远涉重洋，走过了地球表面1/4的路程，才来到英国或法国的工厂里。于是，忙碌的工厂就开始不断地纺呀，织呀，最后做成了柔软的棉布，上面还印上了花花绿绿的图案呢！之后，制成的布匹又要再一次远涉重洋，它们也许会被送到世界的另一端，卖给那些长着羊毛一样头发的黑人们做头饰。”

“棉花的生产过程复杂而漫长，这其中所产生的成本可不低啊！”保罗不禁感叹道。

“开始在农田里种植棉花，需要经过大半年的精心培养才能收获，所以那些付出劳动的种植者和土地收租者都需要从中提取一定的利润作为报酬。后来，贩卖的人把棉花买走了，他们又会通过航海员把棉花运出去，这样，商贩和运输的人又要从中提取一定的利润作为报酬。类似的情况会重复很多遍，比如纺工、织工、染工等都需要从中提取一定的利润作为自己的报酬。到最后，棉布做好之后，又会有另一批商贩把棉布买走，然后通过另一批航海员把棉布转送到世界各地去。最后，还需要商人转手把棉布一尺尺地卖出去。这样算起来，如果棉布的价格不定得足够高的话，它们怎么可能偿付这一路上的各种成本支出呢？

“所以，要完成这项伟大的事业，必须用两种工业上的方法来辅助，一种是大规模的集约劳动，一种就是机器生产。你们已经看过恩妈在纺车上纺织羊毛的过程了吧。那些梳理过的羊毛，先是被分成一卷卷的绒条，然后再把一个绒条放在机器的钩子上。钩子钩住羊毛之后就会快速旋转，把纤维绞成一条细线。这时，手指要把绒条拿稳扶正，让细线一点点地卷起绒条，从而变得越来越长。等到细线长到一定程度时，恩妈就会把它慢慢地绕在锭子上（钩的上端），然后她就可以继续绞羊毛了。

“事实上，棉花也可以用这种方法纺线。但是不管恩妈的手脚多快，她要完成从纺纱到织布的整个过程都会费很长时间，所以制成的棉布价格会非常昂贵。那么，我们该怎么办呢？”保罗还故意卖了个关子。

大家都没有作声，只是在静静地等待着保罗揭晓答案。

“于是，人类就发挥自己的聪明才智，制造出一种专门用来纺棉纱的机器。在一间比教堂还要大很多的工厂内，成百上千架特制的纺纱机整齐地排列着，机器上也安装了钩、锭子和纱管。工人们只需要简单的操作，就可以让所有的机器同时转动，既精确又快捷，看得人眼花缭乱。而且，机器还会发出巨大的声响，都快把人的耳朵震聋了。机器开始工作后，棉花会被分散成整齐的棉条，然后这些棉条会被数千个钩子钩住，并一起开始绞动。看不到终点的纱就这样不停地从一个纱管移动到另一个纱管，并且自己主动绕到锭子上。仅仅几个小时，堆得像山一样的棉条就被纺成了棉纱，它们的长度都可以绕地球好几圈了。

“这些机器所完成的任务量如此庞大，要是改用手工纺的话，恐怕得要一大群像恩妈那样手脚麻利的纺工一起劳动才能完成。那么机器所消耗的又是什么呢？用几铲煤来烧热水，水的蒸汽就可以推动机器运转了。无论是纺纱、织布，还是印颜色……总之，从棉花到最后做成布的各种工序，都采用了最快捷、最经济的工业方法。所以，一块白布只需要卖几毛钱就可以支付生产过程中的所有成本，比如，种植者、贩卖者、航海员、纺工、织工、染工甚至商人，都可以从中获得相应的报酬了。”

# 林中大战

[苏联] 维·比安基

树木种族之间经常发生战争。为此，我们特别派出了几个通讯员到前线去采访。

他们首先来到了老云杉的国家。

在这个国家，到处都显得阴暗暗的。那些老云杉战士笔直地站在那里，一言不发。每个老云杉战士都有两根连在一起的电线杆那么高。它们的树干光溜溜的，偶尔有些弯曲的枯枝从树干上伸出来。在距离地面很高的空中，它们那巨大的针叶树冠缠绕在一起，像一顶顶巨大的帐篷，遮住了整个国家。阳光根本没有办法穿透这层厚厚的帷幕。

因此，这里的一切都是黑黝黝的，散发出一股潮湿、腐朽的气味。偶尔会有些绿色的小植物出现在地面上，但过不了多久，它们就会枯萎凋谢。

或许，只有苔藓和地衣对这个沉闷的国家感到满意，因为它们可以尽情地痛饮它们主人的血液——树汁。

在这里，我们的通讯员没有遇到一只野兽，也没有听到一只

小鸟的歌声。他们只看见一只孤僻的猫头鹰，它是来这里躲避阳光的。被我们的通讯员吵醒后，它身上的羽毛都竖了起来，钩形的嘴巴里还发出了不满的叫声。

随后，我们的通讯员穿过密密的云杉丛，来到白桦树和白杨树的国度。无数白皮肤、绿卷发的白桦和银皮肤、蓬蓬头的白杨抖动着叶子，发出窸窸窣窣的声音，欢迎着他们。

各种各样的鸟儿在树枝间跳跃、歌唱。阳光透过枝头的树叶缝隙倾泻下来，在地上印满明亮的黄色光圈。地上有许多矮小的草族，很明显，它们在主人的绿帐篷下生活得很惬意。野鼠、刺猬、兔子……各种各样的小动物在通讯员的脚下跑来跑去。风从树上刮过，惊起一阵喧哗。

这个国家的边界是一条大河，河边有一大片荒漠，那是树木被伐走后留下的印迹。过了这片荒漠，又是一片巨大的云杉群。我们的通讯员知道，等森林里的雪完全融化掉，这片荒漠就会立即变成一个战场。原因很简单，树木种族的居住地拥挤不堪，只要附近空出一点儿地方，它们之间的争夺战马上就会开始。

于是，我们的通讯员在河边搭了个帐篷，住了下来，准备做这场战争的见证人。

一个阳光灿烂的早晨，云杉首先发动了进攻。它们派出了大批空军，那是它们的种子。

本来，这些种子是藏在云杉的大球果里面的。现在，阳光使这些球果发生了爆裂，一架架像小滑翔机一样的种子从裂开的球果中飞出来，随着风一路前行，直奔砍伐地。

每棵云杉上都有成百上千个球果，而每个球果里又都藏着100多架滑翔机，在风的运送下，这支庞大的队伍很快就把砍伐地全部占领了。

可是，早春的天气总是不太稳定。几天后，随着一场大风，天又冷了下来，好些小滑翔机都被冻死了。幸好，一场温暖的春雨及时赶到了。大地变得松软起来，收留了这批小小的移民。

就在云杉种族占领砍伐地的时候，在河那边，白杨树那藏在毛茸茸的葇荑花序里的种子才刚开始成熟。

随着夏天的临近，云杉国度的节日到了。

所有的老云杉都换上了节日的盛装，在它们墨绿色的树枝上，缀满了金黄色的花序。红色的蜡烛也在粗壮的枝干上点燃了，那是云杉的新球果。它们在悄悄地准备明年的种子。那些埋在砍伐地里的种子被暖和的春水一泡，也都膨胀起来，马上就会变成小树苗钻出来了。

而这时，白桦树还没有一点儿动静。

我们的通讯员很肯定地认为，这片新大陆一定会被云杉完全占领，因为其他树木都已经错过了机会。至于结果会不会和他们预想的一样，还要等待进一步的观察。

# 神秘的惰性气体

[苏联] 依·尼查叶夫

大家知道我们头上的太阳、脚下的地球是由什么组成的吗？身边的植物、房屋、机器……它们又是由什么组成的呢？我们朝四周看看，很容易说出几十种，甚至几百种各不相同的物体。这些物体有的硬，有的软，性质差别很大。不过人们早就发现，世上的物体虽然形形色色，可内在却是单纯的、统一的。

如今科学已经证实，所有物体都含有相同的一些最简单的组成部分，它们就是元素。元素的数量并不多，但是它们有数不清的组成方式，因此世上的物体才会多种多样，形态各异。

元素并不是一朝一夕发现的，很多元素的寻找都花费了数十年甚至上百年的时间。下面，我们就来说说空气中所含的微量元素——氦的发现经过。

## 1/1000克

氦的发现是一件很不寻常的事。在整个银河系中，氦的含量约为25%。但是它潜藏在暗处不露面，因此人们一直没有注意到它。

1868年，人们在观察日食的时候，才利用光谱术发现了它。尽管氦含量如此丰富，可是人们并没有在地球上找到它。

后来，物理学家、化学家、地质学家陆续参与到氦的寻找工作。这真是一连串离奇古怪的发现和聪明绝顶的推测。

事情的经过是这样的。

19世纪80年代，英国物理学家瑞利用几种气体做了一系列实验，目的是想要精确测量各种气体每升的质量。这种质量有个专门名称，叫作密度。

最开始，瑞利测量的是最轻的气体——氢，然后测量了氧，接着测量了氮。

为了得到最精确的数字，瑞利在测量时总是想方设法不让一个气泡溜走，哪怕那个气泡特别小。做实验的时候，他特别小心，尽可能地保证不让一点杂质掺入所测量的气体里。总之，他使用的是非常纯净的气体。

在空气中取得纯氮气并不难。自从氮气被发现以后，人们都知道空气中氮气约占4/5，氧气约占1/5。因此，只要除掉氧气、掺杂在空气中的二氧化碳和水蒸气，剩下的就是纯氮。

瑞利就是这样做的。他利用很多只化学捕集器，把空气中的氧气、二氧化碳和水蒸气一一过滤掉。

我们知道，生活在寒冷地区的人们，一到冬天，总会在内外两层窗框间放一小杯硫酸。由于硫酸能吸收水分，所以窗框间的空气就会永远干燥。

为了吸收水蒸气，瑞利也使用了硫酸。除了硫酸以外，他还利用其他几种物质，将空气中的氧气、二氧化碳和水蒸气分别吸收掉。这样，剩下来的气体肯定就是纯氮。提取到纯氮后，瑞利将其放在天平上测量。

作为一名优秀的实验者，为了避免可能出现的差错，任何时候都要对工作多做一番检查，即使这种出错的概率非常小。瑞利是一名认真谨慎的物理学家，因此对于检查更是不会放松。他认为，空气通过了那么多捕集器，如果其中一两只捕集器出了毛病，就会让一些杂质不知不觉漏了网。

他想，假如某个捕集器橡皮管的某一处有个气眼，就算小得眼睛看不见，但也足以让外面的空气通过它进入捕集器的管道里。那么，该如何检查捕集器有没有这种毛病呢？瑞利左思右想，最后决定从另外一种来源取得氮。他决定用这两种氮气分别做实验，如果密度相同，就说明一切都没有问题。

化学家拉姆齐[1]是瑞利的朋友，他劝瑞利从氨里提炼氮。由于这种做法简单易行，所以瑞利立即照办了。

瑞利从氨里提取了氮，并把它提纯，然后进行称量。不料，两份氮气的密度竟然不一样。从空气中提取的氮气，每升质量是1.2572克；而从氨气中提取的氮气，每升质量为1.2560克，比前一种轻1/1000。

瑞利想，一定是自己在哪个步骤，或者哪一点上做得不够精细，所以才出现了这样的误差。虽然1/1000是个小错误，可它毕竟是个错误啊！

于是，瑞利开始检查自己的实验装置。他检查了一只只捕集器，又检查了一个个容器，还检查了玻璃管、抽气筒以及天平……然而，没有一处存在问题。

[1] 拉姆齐：英国化学家，他发现了惰性气体氦、氩、氖、氪、氙，并确定了氡在元素周期表中的位置。1904年，他因上述成就而获得诺贝尔化学奖。

瑞利觉得很奇怪，于是他又从空气和氨中提取了氮，并把这两份氮仔细提纯，然后极其精确地进行测量。然而，他测量的结果还是一大一小，相差仍然是1/1000。

瑞利不甘心失败，他又做了第三次实验，可结果还是如此。

1/1000，差数非常小，小得完全可以忽视掉。可是瑞利没有这样做，他认为即使是这样小的差数也不能大意。

瑞利苦思冥想，始终不明白问题出在哪里。

他为这个差数愁坏了，如果不解决这个问题，他就无法做下一步的实验。要知道，前面还有好多非常有趣的物理学问题在等着他。可是，他无法回到本行的研究中，现在他整天忙着提纯这些可恶的氮气，不由自主地变成了一名化学家。

有一天，瑞利怀着厌恶至极的心情，拿起几张纸，查看自己最近的一些测量结果。这时，他无意中看到了一本新到的杂志——科学杂志《自然》[1]，于是想："干脆给他们写封信吧。"

瑞利把自己在称量氮时遇到的问题写了下来，他想借助杂志这个媒介向化学家们发出咨询，希望他们能提醒自己究竟哪儿出了问题，那个可恨的差数到底该怎样解释。他把求助信寄了出去，静候回音。

### 重氮和轻氮

瑞利的信在《自然》杂志上发表了。很快，他就收到了几封来信，其中一封是拉姆齐寄来的。这些化学家给这位陷于困境的物理学家提出了多种颇有见地的主意。然而主意虽好，对事情的进展却

---

[1] 《自然》：英国科学杂志，首版于1869年11月4日发行。《自然》是世界上最早的科学期刊之一，也是全世界最权威、最有名望的学术杂志。

毫无帮助。

经过反复测量，两种气体的密度仍然不同，而且由于变换了实验条件，差数反而加大了。这下，瑞利决定谁的意见也不听，一切只靠自己解决。

为了研究这种顽固的气体，瑞利整整奋战了两年多，几乎把能用的方法都用尽了！

他曾将氮密闭在一个容器里达8个月之久，也曾电击过空气中的氮和氨气中的氮，但是无论时间也好，电击也好，都无法改变这种气体的性质，而且两种方法提取的氮密度仍然有差异。

后来，瑞利又用别的办法提取了氮，这些氮和来自氨气中的氮密度完全一致，然而从空气中提取的氮密度仍然比较大。

因此，瑞利决定利用别的办法从空气中提取氮。

以前，他一直让空气通过燃烧的铜，铜在燃烧时会夺去空气中的氧，而让氮存留下来。现在，他不让空气通过铜了，而让它通过燃烧的铁和其他能够吸收氧气的物质。

经过测量，他发现空气中的氮并没有改变密度，还是比氨气中氮的密度大一些。

瑞利已经做了数十种实验，可面前的路还是一片漆黑，他觉得自己就像撞在一面既推不倒又绕不过去的铜墙上了……

不过，瑞利能肯定的是，自己既没有搞错某个步骤，也没有算错一个数字，这里的差数不用从实验者身上寻找原因了，一定是大自然的缘故。

空气中的氮会比来自化合物中的氮要重，这是千真万确的。

然而，同样的一种物质为什么会有轻重之分？瑞利怎么也想不明白，为此他感到异常恼火和不安。

## “去查查旧档案吧”

1894年4月，瑞利在伦敦皇家科学会[1]上陈述了自己的实验。会后，化学家拉姆齐找到了他。

“两年前，您给《自然》写信的时候，我还不知道您为什么会测量出两种氮的密度。现在，我终于弄明白了，空气中的氮里面一定含有某种较重的杂质，那是一种未知的气体。如果您允许的话，我想把您的实验接着做下去。”

瑞利同意了，但是对于未知气体的说法，他觉得不太可信。

以前，曾有几千名研究者对我们熟悉的空气做过无数次分析，可每次都只能找到氧、氮，以及少量的二氧化碳、水蒸气，怎么会有什么新气体呢？

瑞利又向其他几位出席科学会的朋友征求意见，其中有个化学家迪瓦尔说：“您还是查查档案吧！以前有个叫卡文迪许的人，也认为空气中的氮不是单质。”

“卡文迪许？就是100年前的那位化学家？”瑞利吃惊地问。

“是的。”迪瓦尔肯定地说，“他似乎在一篇论述空气的著作里提到过这一点，您去找来看看吧！”

“我今天就去找！”瑞利连忙说。

想想吧，瑞利已经比前人落后了100年！

## 卡文迪许的实验

18世纪中期，伦敦有个孤僻、腼腆的人，名叫亨利·卡文迪

[1] 伦敦皇家科学会：英国资助科学发展的组织，成立于1660年。该学会的宗旨是促进自然科学的发展，它是世界上历史最悠久的科学学会。

许。他害怕和生人说话，如果有人找他谈话，他总是涨红了脸，惊呼一声，磕磕绊绊地逃走了。当然，他要是鼓足勇气，也能和人说上几句话，但是他说话时总是结结巴巴的，害羞得像个孩子。

卡文迪许整天离群索居，沉默寡言，不过他有个唯一的爱好，那就是把自己关在一间大屋子里，夜以继日地研究科学和自然。他从早到晚忙着工作、计算、实验，一连50年，他始终这样忙碌着，从不知道消遣和休息，更不知道哪天是假期……

正是他，发现了水的成分，率先算出了地球的质量。另外，他还研究了空气的组成，以及氧和氮的性质。

但是由于不自信，也是出于谨慎，卡文迪许没有忙着公布自己的研究成果，而把这些都记录在自己的文献中，有些内容都已经被人忘记了。

没想到几个世代以后，有个叫瑞利的人为了研究“重氮”，一连忙碌了好几年。他不知道只要把伦敦皇家科学会1785年出版的那本年报找来翻翻，就能解开心中的疑团。

在那本年报里，有一篇卡文迪许写的文章，上面记录了这样一个实验：

将一根玻璃管装满空气，让一阵电火花通过它，空气中的两种成分——氧和氮会在电的作用下发生化合作用，生成一种令人窒息的新气体。

由于空气中的氧只有氮的1/4那么多，因此这些氧不久就会被用光，令玻璃管中只剩下氮。这时，往玻璃管中加入一些纯氧，再往里面放电火花，管中的氮便会完全跟氧化合，变成一种令人窒息的新气体。这种气体会被碱溶液吸收掉。

但是，实验做到最后，总会有个很小的氮气泡顽固地残留在玻璃管中，碱溶液对它完全不起作用。就算再往玻璃管中加氧，并放入电火花，都吸收不了它。这个扁豆大小的氮气泡会一直浮在溶液上方，无论怎样都不会与氧结合。

为此，卡文迪许写道："根据这个实验，我断定空气中的氮绝不是单一的，其中可能有1/20的成分与氮完全不同。氮不是单一的物质，而应是两种物质的混合物。"

看到这里，瑞利放下了旧年报，连忙跑回实验室，重新做起了卡文迪许的实验。

## 空气的成分

此时，瑞利的那位化学家朋友——拉姆齐也在忙着做实验。他的想法很简单：假如空气中含有某种未知气体，那么取一定体积的空气，将其中的各种成分一一提出，那么剩下来的东西就一定是未知气体。

拉姆齐通过一些化学捕集器，将空气中的氧气、二氧化碳、水蒸气一一提取出去。对于剩下来的氮，他也找到了一种很好的捕集器。几年前，他无意中发现炽热的镁能吸收氮，于是他利用那次发现，用送风的办法，让氮贴着炽热的镁屑通过一根玻璃管。

当他第一次把氮吹过玻璃管的时候，大部分氮被吸收了，小部分氮跑掉了。他让逃走的氮再一次通过炽热的镁屑，这时剩下的气体就更少了。他又这样做了一次，然后用天平称量第三次通过管子后剩下的气体。

称量的结果明显比空气中的普通氮密度更大。普通氮的密度是氢的14倍，而实验剩下的氮却是氢的14.88倍。

拉姆齐喜出望外，他让剩余气体再次通过了镁管。这下，又有部分气体被截留在捕集器里，而剩下的部分更重了。

拉姆齐发现，这种气体每通过一次镁管，体积就变小一点，密度则变大一点。它从16克/立方厘米，变成18克/立方厘米，又变成20克/立方厘米，此后就不再增加了。

与此同时，捕集器也不再吸收这种气体。可见，氮已全部提尽，剩下的就是与镁不发生任何化学反应的一种较重的未知杂质。

整整一个夏天，拉姆齐都在令空气流过吸收器，最后得到了100立方厘米的新气体。

而瑞利呢？他重做了卡文迪许的实验，直到1894年夏季快结束的时候，他才收集到了0.5立方厘米的较重杂质。两位研究者虽然方法不同，但是他们都得到了相同的结果。

现在，他们要利用分光镜来判断新物质了。他们将一根玻璃管焊上了两个电极，又让玻璃管里充满了新气体。通电后，气体发出了璀璨的冷光。

这下，冷光的光谱上出现了人们从未见过的新谱线——有绿色的、蓝色的、红色的。

1894年8月13日，瑞利和拉姆齐一起来到了牛津。当时不列颠的自然科学协会正在开会，二人请求做一次临时报告。

他们说："我们发现了一种新元素，这种元素和氧、氮一样，都是大气的组成部分，我们每天呼吸的空气中就有它。"

### 元素"隐士"

事实证明，瑞利和拉姆齐的临时报告，令聚集在牛津的科学家们感到极度震惊。就算他们上空有一颗炸弹爆炸了，也不能让他们震惊得如此厉害！

空气中竟有未知元素！

所有的实验室、所有的学府、世上的每个角落，都分布着这种未知元素，但是人们竟没有想到这一点！

100年来，研究者们走遍天涯海角，四处搜集稀有的矿物，只为从中找到化学家们还未发现的最后几种稀有元素。

令他们想不到的是，自己身边就一直存在着这样一种物质，可他们竟浑然不觉！要知道，这种新元素并不算少，100升空气里就有1升呢。

当卡文迪许最初偶然发现这种气体的踪迹时，人们对空气的了解并不多，就连氧和氮还是非常新奇的东西。所以，包括卡文迪许在内，没有人认为那个不太像氮的小气泡有什么重要意义。

而在此后的100年间，也没有人注意到空气里的氮其实是两种气体的混合物。

在这100年里，人们肯定做过几千次的空气分析——每一位实验者，每一位大学生，甚至化工厂里的一些工人都会做这种分析。而化学家在计算空气中氧和氮的含量时，还精确地算到了4位小数，他们精确地算出空气中二氧化碳的含量是0.03%。氢的含量虽然不到1/1000000，但他们还是有办法找出来。

然而，人们连含量为1/1000000的氢气都找出来了，却把含量为1/100的未知气体长久地放走了，这到底是什么原因呢？

答案是，这种气体无色、无形、无味，完全不会表现自己。它总是悄悄地跟着氮，分毫不显锋芒。它的行动极其敏捷，令人察觉不出它的存在。

这是一种崭新的元素，它不和别的元素结合而生成某种化合物。它独立地存在于世上的一切物质之中，不会随着外界的改变而发生任何化学变化。

这是元素中的一位“隐士”，是元素中的“单身汉”。对于任何化学反应，它都摆出一副毫不理睬的面孔。它是一种极不爱运动的元素，因此人们给它取名叫“氩”（“氩”在希腊文中的意思是“不活泼”）。

拉姆齐曾设法让氩与新气体混合，比如氯这种气味很浓的气体，它能令金属生锈，能让染料褪色，也能将纸与布料腐蚀成一堆破烂，但是无论如何，氯也奈何不了氩。

又比如有毒物质——白磷，它能烧灼人的皮肤，能在空气中与氧自动化合而燃烧。拉姆齐曾把它放进氩里点燃，可是白磷也无法让氩跟自己化合。

另外，火、冷气、电流、强酸，等等，都无法让氩发生任何化学反应。无论什么东西遇到氩，都会原样弹回去，不会改变它。

拉姆齐和别的化学家看到这样一位乖张的、冷漠无比的家伙，都感到很不服气。他们想，总该有几种化合物能和它发生反应吧？比如贵金属——金、白金，在空气中和水中都不生锈，就连在酸中都不溶解，但它们也能和几种物质发生反应。氩这种东西，难道会比世界上其他的物质都高傲吗？

拉姆齐和助手不停地往盛着氩的容器里加入各种化学试剂，他们几乎试遍了所有的简单物质和很多种复合物质，但是几个月过去了，他们只是徒劳，氩无论如何也不肯屈服。

### 一种来自矿物的气体

一天，拉姆齐在伦敦皇家科学会上做完报告后，接到了一封来信，信是地质学家麦尔斯寄来的。麦尔斯虽然没有听拉姆齐的报告，但是他听说过报告的大致内容。

麦尔斯在信中写道：

“不知您有没有试过将氩与金属铀结合，如果没有，我认为您值得试一试。几年前，美国地质学家希勒布兰德说过，假如将一种含铀的矿石——钇铀矿放入硫酸中加热，矿石里就会冒出极多的气泡，他猜测这种气体就是氮。我想，这种气体里也可能含有氩。无论如何，我都觉得这值得检验，否则怎么会知道钇铀矿里一定不含有铀和氩的化合物呢？”

拉姆齐认为他的说法很有道理，但是该去哪儿寻找钇铀矿呢？

要知道，钇铀矿极其稀少，价格十分昂贵，只有在挪威才有可能找到。拉姆齐担心自己即使费了工夫，也很难找到钇铀矿，于是就托一个伦敦商界的朋友代为寻找。

这个朋友很有办法，他只花了18先令，就从一个矿商手中买到了2英两（约101.6克）钇铀矿。

拉姆齐的助手拿到钇铀矿后，立即将它投入硫酸中，开始加热。钇铀矿果真泛起泡沫，冒出了大量的气体。

当时拉姆齐正忙着做其他实验，腾不出手，因此就让助手将冒出的气体暂时存放进密闭的容器里。

转眼一个半月过去了，拉姆齐又做了好几种实验，想得到氩的化合物，但是一直没有成功。

最后，他的耐心终于消磨尽了。面对这种稳固得惊人的物质，他已经束手无策了。

然而在彻底承认失败之前，他决定再做一次努力，把那种从钇铀矿中提炼出的气体拿来检测一下。

拉姆齐认为，他应该先辨认一下这是什么气体：究竟是希勒布兰德认为的氮呢，还是那种极不活泼的氩？

拉姆齐的助手准备好了镁屑，将它烧红了，然后让这种神秘气体通过它。如果这种气体是氮，就会被捕集物所吸收，因为镁容易吸收氮。

可是当未知气体通过捕集物后，并没有发生什么变化，可见希勒布兰德的想法与事实不符。

随后，拉姆齐进入实验室旁边的暗室中去观察这种气体的光谱。

他拿来一根两端焊有电极的玻璃管，并抽光了玻璃管中的空气，然后把这种未知气体注入玻璃管中，最后通上电流。这时，玻璃管中的气体发出了光芒。

拉姆齐用分光镜进行观察，他发现分光镜里显示出许多条不同颜色的光谱，其中黄色的光格外明亮。

“钠。”拉姆齐想道，“那些镁屑里一定是掺杂着钠。”

为了能使眼前的这个复杂的光谱变得简单些，拉姆齐将另一只玻璃管中充满了氩气，并且也通上了电流。他让这两只玻璃管的光谱同时出现在分光镜里，这样，他就可以互相参照着研究未知气体的光谱了。

这两条光谱上有许多地方是完全吻合的，氩气的光谱上也有一道黄色，只是亮度相对弱一些。一定是无处不在的钠也混入了第二根玻璃管里，他想。

可是装满氩气的那根玻璃管所发出的光谱中那道黄色的钠线，为什么会出现在钇铀矿气体所产生的黄线旁边，并且与它相隔一小段距离呢？

拉姆齐微微调整了一下分光镜，又转了转窥镜，试图让这两道黄线重合。可是不管怎么弄，那两道黄线总是各自立在那里，虽然距离很近，却说什么也不肯合拢。

“我们的分光镜可能出毛病了。”拉姆齐对一旁的助手说。

拉姆齐打开了灯，拆下分光镜中的棱镜片，仔细地擦拭干净，然后又把它装了回去。

可是结果没有任何改观，拉姆齐把分光镜重新组装好再观察时，那两条黄色的钠线依然各自分开。

这可是咄咄怪事。

自从本生①和基尔霍夫②以来，物理学家和化学家们都知道光谱里钠谱线的位置是固定不变的，即使你从地球上1000个不同地点采集1000种不同的钠样本，即使你在地球上任何地点来研究它们，它们也只会产生完全一样的光谱。

可是为什么偏偏在伦敦大学的这间实验室里，两条钠线就是不肯重合呢？

拉姆齐坐在分光镜旁发呆，眼睛死死盯着那根装着钇铀矿气体散发出金色冷光的玻璃管。

其实，拉姆齐已经找到了这个问题的答案，但是他又觉得这个答案过于大胆，过于危险。连他自己也不敢相信，这么顺利就能找到问题的答案。

这种现象除了分光镜坏了，为什么不会是其他原因呢？那根玻璃管里除了氩气，为什么就不会有别的物质呢？

还有另外一种未知的元素。拉姆齐的脑海中很快就为这种陌生的

①本生：全名为罗伯特·威廉·本生，德国物理学家。他曾研制出一种实验煤气灯，很多化学实验室直到现在仍在使用。人们称这种灯为“本生灯”。

②基尔霍夫：全名古斯塔夫·罗伯特·基尔霍夫，德国物理学家。他提出了著名的基尔霍夫电流定律和基尔霍夫电压定律，解决了电路设计中的很多难题。

元素找到了一个现成的名字——氪。在希腊文中，氪就是“秘密”“隐藏”的意思，这样的名字听起来很符合这种元素的身份。

为了验证自己的假设，拉姆齐立即动手。他在暗室里一直工作了好几个小时，完全忘记了时间和疲倦。他不断地研究着钇铀矿气体的光谱，不断地拿它和氩、氮、钠的光谱进行比照。最后，他觉得自己用的那架分光镜性能太差，无法帮他解决这么复杂的问题。

考虑再三，拉姆齐决定去寻求他的朋友——物理学家克鲁克斯的帮助。克鲁克斯是一位著名的光谱学专家。他把盛有氪的玻璃管寄给克鲁克斯，请克鲁克斯帮忙研究它的光谱。

那是1895年3月22日的傍晚。

第二天一早，邮差来到拉姆齐的实验室外，交给他一封电报。

“您的氪就是氦，请您亲自过来看看吧。”克鲁克斯在电报里写道。拉姆齐马上前往克鲁克斯的实验室，他看到钇铀矿气体的黄线与太阳光谱上的那条神秘的黄线居然完全重合。

由此，这种神秘的太阳物质在地球上也被发现了。

后来，拉姆齐还从空气中找到了4种新元素，并将它们命名为氖、氪、氙、氡。它们和氩一样都属惰性气体，这五种元素形成了新的一族，十分恰当地插进了元素周期表中，令人们对元素的认识更加完整。

# 利基—蒂基—塔维

[英国] 约瑟夫·鲁德亚德·吉卜林

它慢慢地钻进了那个洞中，红眼睛对着皱皮怒吼。
只听红眼睛说："耐格，快来与死神跳支舞吧！"
眼对着眼，头顶着头，（保持你的步伐，耐格。）
只要死一个，舞蹈就会结束。（请你自便，耐格。）
转动、围绕、摇晃——（快点儿躲起来吧，耐格。）
噢！皱皮的死神失败了！（你要倒霉了，耐格！）

下面要讲的是利基—蒂基—塔维（以下简称"利基—蒂基"）与蛇单打独斗的故事，这次战斗发生在一间平房的浴室中。

一只名叫塔尔奇的长尾缝叶莺在这儿帮助过利基—蒂基。另外，有一只麝鼠也好心地提醒过利基—蒂基。这只麝鼠总是喜欢紧靠着墙根行走，而且从来不会到地板中央去。不过，这次战斗是由利基—蒂基独自参加的。

利基—蒂基其实是一只小獴，它有着像小猫一样的皮毛和细长的尾巴，它的生活习性和小脑袋却极像黄鼠狼。它的眼睛，还有那只不停颤动的小鼻子都是粉红色的。它可以将尾巴上的皮毛竖立起来，看上去就像是一把洗瓶子的刷子。当它急急忙忙地穿过草地时，就会发出一阵准备战斗的低吼声，这声音听上去就像是：“迪克——迪克——蒂基——蒂基——迪克……”

这一年夏天，一场大水把利基—蒂基和父母冲散了，它不停地叫着、嚷着，使劲儿用脚蹬着，最后被大水冲到了一条路边的水沟中。在水中，它抬头看见了一丛漂浮在水面上的青草，于是它奋力游向青草，然后紧紧地拽着青草。渐渐地，它没有了知觉。等它再次清醒过来的时候，发现自己已经躺在一条花园中的小路上。

这时，一个小男孩走了过来，他望着满身是水的利基—蒂基说：“快来看啊！这儿躺着一只死獴，我们可以为它举办一个简单的葬礼吗？”

“孩子，或许它还没有死呢，”小男孩的妈妈说，“我们把它弄干吧！”

于是，他们将湿漉漉的利基—蒂基带回了屋子。这时，一个男人将利基—蒂基身上的毛擦干，然后仔细地看了看它，告诉孩子它并没有死，只是昏过去了。接着，男人用棉花将利基—蒂基包了起来。很快，利基—蒂基就睁开了眼睛，然后打了好几个喷嚏。

“你看，它醒了！”这个刚刚搬到这儿来的英国男人说，“千万不要吓唬它，我们瞧瞧这个小家伙究竟会怎么做……”

想要吓唬到獴，恐怕是这个世界上最难做到的事情，因为这些小家伙们总是对周围的事物充满强烈的好奇心。在獴的家族里，流传着一句俗语：“四处转转，四处看看。”利基—蒂基确确实实是一只獴，所以，当它醒来后，就开始活跃起来。等它确定棉花并不是什么美味的食物之后，便急急忙忙地从桌子上跑开了。接着，它安静地坐下来整理皮毛，一会儿又用爪子挠痒。最后，它猛地跳到了小男孩的肩膀上。

“没事，特比。”男人说，“它是在告诉你，它想和你做朋友。”

“呀，它在碰我的下巴呢！”特比有些害怕地说。

只见利基—蒂基先是看了看特比的领口，然后用鼻子使劲闻，接着又嗅了嗅他的小耳朵，最后跳到地板上，开始不停地揉搓自己的鼻子。

“噢！”特比的妈妈柔声说道，“看来是因为我们对它太友好了，不然一只野生动物是绝不会如此温顺的！”

“我所知道的獴都是这个样子的，”特比的父亲说，“如果特比不倒着抓起他的尾巴，或是将它关进铁笼子中，它是不会伤害我们的。它会整天在屋子里来回地跑。好了，我们先给它喂点儿食物吧。”

特比的妈妈喂给利基—蒂基一片生肉。利基—蒂基对食物十分满意。等品尝完美食后，它来到了阳台上，因为那儿有温暖的阳光，可以晒干它皮毛上的水。这让它感到舒服极了。

“我能在这间房子里找到许多东西！”利基—蒂基自言自语道，“这么大的房子，对于我们全家来说，恐怕一辈子都找不到如此多的东西。我得继续留在这儿，然后将它们一个个找出来。”

于是，在接下来的一天里，利基—蒂基就不停地在各个房间中跑来跑去。在看洗澡盆的时候，它差一点儿被淹死了；在看写字台的时候，它几乎将自己的鼻子伸进了墨水中；它想看看特比的父亲是怎样写字的，便慢慢地爬上了他的膝头，结果，它差点儿被燃烧的雪茄烫到；天快要黑的时候，它一溜烟地跑进了特比的房间；当特比准备睡觉的时候，它快速地爬上了他的床。这个小家伙从来没有睡过一个踏实觉，一旦听到四周有什么响声，它就立即跳起来仔细聆听，一定要找到声音的来源才肯罢休。

特比的爸爸妈妈每天在入睡之前都要去特比的房间里看看他，这天也不例外。当他们发现利基一蒂基也躺在特比的被子中时，特比的妈妈开始担心起来："你说这个小家伙会不会在半夜的时候咬伤我们的孩子？"

"相信我，它是不会这么做的。"特比的爸爸说，"没有什么比这个小家伙更安全了，即使可怕的蛇钻进了屋子里！"

可是，特比的妈妈没有想到这么恐怖的事情竟然真的发生了。

第二天清早，特比带着利基一蒂基去吃早餐。他妈妈为利基一蒂基准备了一些鸡蛋和香蕉，然后利基一蒂基在每个人的膝头上都坐了一会儿。对于一只有礼貌的獴来说，它们都非常希望自己能在有生之年成为一只家养的獴，可以在不同的房间里转来转去。利基一蒂基的母亲曾经在一个做军官的人类家庭中生活过，因此，它知道应该怎样和人类打交道，并且将这些全都讲给利基一蒂基听。

吃完早餐后，利基一蒂基去了房子前面的花园里，它想看看在那里有没有什么新奇事物。这是一个野生的大花园，里面只有几种植物是人工培养的。花园里有橘子树、菩提树，还有茂密的草丛。"这儿真是一个好猎场！"利基一蒂基高兴地说，一想起这些，它浑身的皮毛就竖了起来，尾巴更是变成了一把刷子。它兴奋地在花园中东奔西跑、左闻右嗅。最后，当它来到一片荆棘丛旁时，听到了从里面传来的哭泣声。

原来，哭泣的正是长尾缝叶莺塔尔奇，还有它的妻子。这两只长尾缝叶莺将两片大树叶当屏障，然后用植物的纤维将树叶缝在一

起，窝里放满了各种绒毛和棉花，这儿就是它们温暖的小家了。此时的塔尔奇正和妻子坐在窝边痛苦地哭泣着。

“发生什么事了？”利基—蒂基关切地问道。

“我们太难受了。”塔尔奇悲痛地说，“就在昨晚，我们的一个孩子被耐格吃了，因为它不小心从窝里掉了下去。”

“那确实很不幸，”利基—蒂基同情地说，“但因为我是新到这儿的，所以不知道耐格是谁……”

突然，这两只长尾缝叶莺都不出声了，只见它们颤抖着缩进了自己的小窝中。与此同时，利基—蒂基脚边的草丛中发出了一阵可怕的“咝咝”声。听到如此阴森的声响，利基—蒂基不由得向后退了几步。随后，脖子上长满褶皱的耐格慢慢地从草丛中钻了出来。原来耐格是一条眼镜蛇。耐格长约1米，当它完全从草丛中钻出来的时候，整个身体的1/3都立了起来。它不停地前后摇摆着身子，以保持身体平衡。它睁大了眼睛，恶狠狠地盯着利基—蒂基。对于一条蛇来说，不管它的内心想什么，都绝不会在它的眼神中有任何表现。

“你刚刚问谁是耐格，是吗？”眼镜蛇说，“我就是凶猛的耐格！当大神梵天（印度教的主神）在睡眠时，人间的第一条蛇撑开了自己脖子上的皮为他遮阳挡雨，于是，伟大的神就将荣誉与标志赐予了我们眼镜蛇家族。你就好好看着吧，害怕了吗？”

这时，耐格脖子上的皮撑得更大了。在眼镜蛇胀起的皮后面，还有一个眼镜框一般的花纹，又好像是一对纽扣。

利基—蒂基不由得有些慌乱了。不过，对于獴来说，没有东西能吓到它们。利基—蒂基在和爸爸妈妈一起生活的时候，从来没有见过活生生的眼镜蛇，妈妈只喂它吃过死眼镜蛇。它知道，一只成年獴的使命就是与蛇搏斗，然后吃掉他们。关于獴的职责，耐格也是非常清楚的，在它的内心深处，事实上也隐藏着巨大的恐惧。

“嘿！”利基—蒂基竖起了尾巴上的毛，气愤地说，“就算你真的有大神赐予的荣耀，难道你觉得自己有权利去吃别人的孩子吗？”

耐格并没有立即回答利基—蒂基，它一边在心里盘算着，一边注视着利基—蒂基背后的那片草丛，那儿正发生着一些极不容易被察觉的事情。在耐格看来，一旦花园中出现了一只獴，对于它的家庭来说，就意味着即将迎来灭顶之灾。想到这儿，它轻轻地将头扭到了一边，然后将身子向旁边挪了一小块儿。它这么做是想解除利基—蒂基的警惕状态。“既然你这么说了，那我们就好好谈谈吧！”耐格说，“你可以去吃鸟蛋，那为什么我们就不能去吃小鸟呢？”

“小心，小心你的后头！”塔尔奇在窝里喊道。

利基—蒂基知道不能浪费时间朝后看，于是，它猛地向上一跃，结果一条母眼镜蛇扑了个空。原来，这条母眼镜蛇正是耐格的妻子——耐格阿娜，它是想趁丈夫和利基—蒂基说话的时机，从背后下手干掉它。当利基—蒂基还在半空中的时候，它听到了耐格阿娜发出的可怕的“嘶嘶”声。当它掉落到地上时，差不多整个身体都落在耐格阿娜的背部。要是利基—蒂基是一只捕猎经验丰富的老獴，就会在这个时候用力咬断眼镜蛇的背部。可利基—蒂基还太小，它担心蛇会迅速发起反攻，于是，它只是轻轻地咬了一口，而且时间非常短。接着，它迅速地远离了耐格阿娜不停挣扎的身体。

“该死的塔尔奇！”耐格一边愤怒地说，一边尽量甩动自己的身体，想要够到位于高处的塔尔奇。聪明的塔尔奇将自己的窝修建在眼镜蛇达不到的地方，尽管耐格用力地跳跃着，它的窝也只是轻轻地晃动了一下。

这时，利基—蒂基的双眼已经变得通红。当獴的眼睛开始变成红色的时候，就意味着它要发怒了。利基一蒂基仿佛一只袋鼠，利用自己的后肢和尾巴支撑在地面上，然后愤怒地坐在地上观察周围，嘴巴里不停地低吼着。此时，耐格已经和耐格阿娜在草丛中消失得无影无踪了。一般情况下，蛇如果在搏斗中失败了，就会一声不吭地消失，而且不会暴露下一步的任何行动。利基一蒂基在原地坐了一会儿，不想去追赶它们了，因为它并没有太大的胜算去打败两条大蛇。于是，它迅速离开原地，来到一条路边坐下来。它反复地思考着，觉得这件事对它来说并不是轻而易举就能忘的。

要是你以前读过一些科普类或是博物学方面的书，你就会看到书中介绍说，当獴在搏斗中负伤后，会立即吃下一些草药疗伤。其实这种说法是错误的。事实上，搏斗中的胜败完全取决于速度——眼镜蛇的袭击与獴跳跃到高空中的对抗。蛇在发动进攻的时候，速度是非常快的，几乎没有谁能清楚地看到它们甩出脑袋时的动作，因此对獴来说，快速躲闪是最有效的灵丹妙药。尽管利基一蒂基并没有什么捕杀眼镜蛇的经验，但一想到自己在这么小的年纪就快速地躲过了眼镜蛇从背后发动的攻击，它对自己又充满了信心。这时，特比朝着这边跑了过来，而利基一蒂基就坐在原地等着他过来拥抱自己。

特比刚刚准备弯下腰的时候，突然地面上有个东西往后动了一下，然后就听见一个轻轻的声音说道：“当心！我可会要了你的命！”原来，说话的正是一条喜欢在泥地中活动的灰色小蛇，它叫科瑞特。这条小蛇的毒性并不比耐格的小，只要被它咬一口，随时都会有生命危险。由于它身材短小，大家都不怎么提防它，所以它带来的危害往往更大。

此时，利基一蒂基的双眼又变成了火红的颜色，它左右摇晃着身子径直向科瑞特扑了过去。利基—蒂基现在的动作源自獴的整个家族，虽然它的样子看上去十分滑稽可笑，可这在对付一条蛇的时候还是很奏效的。因为这种动作不仅能保持它的身体平衡，而且还能让它在任意一个方向都能对蛇发动进攻。这一次的搏斗对利基—蒂基来说可就没有上次轻松了，因为科瑞特的身材短小，所以动起来非常灵活，它随时都有机会袭击利基—蒂基的嘴巴或是眼睛，除非利基—蒂基一下子便能死死地咬住蛇的致命之处——靠近后脑的地方。幼小的利基—蒂基哪里知道这些，它气红了双眼，不停地晃动身体，开始寻找最佳进攻时机。就在这个时候，科瑞特猛地发起了袭击。利基—蒂基连忙闪躲到一边，想要扑到科瑞特的旁边。科瑞特将灰色的脑袋狠狠地一甩，差点儿咬到了利基—蒂基的肩头。幸好利基—蒂基躲得及时。它奋力往空中一跳，跃过了科瑞特，科瑞特急忙转身追赶利基—蒂基的双脚。

特比见状，连忙大叫："快看啊！它在抓蛇，我们那只小獴正在抓蛇！"随即，利基—蒂基听到妈妈在屋子里发出一声尖叫，特比的爸爸赶紧抓起一根铁棍冲了出来。在他正要赶过来的时候，科瑞特由于冲得太猛，没有防备落在自己背上的利基—蒂基。利基—蒂基用两只前爪使劲地压住科瑞特的背，然后朝蛇头一咬，这时科瑞特便不再动弹了。在獴的家族里，当它们杀死一条蛇后，一般都会把整条蛇吃掉，但利基—蒂基并没有吃掉它的大餐，因为它知道，一旦自己吃得太饱，动作就会变得非常迟缓。如果想要拥有灵活的动作和敏捷的速度，它必须瘦一些。

战斗结束后，利基—蒂基想离开这儿，去沙地里舒舒服服地洗个沙浴。这时，特比的爸爸才刚刚赶来，他拿着铁棍，不停地抽打已经死去的科瑞特。特比的妈妈朝着利基—蒂基跑了过来，她温柔地抱起利基—蒂基，然后将它搂在怀中不停地哭着，还说是它救了自己的孩子。特比的爸爸也站在一旁说，利基—蒂基来到家里是命中注定的，而小特比则睁大眼睛站在一旁，他仍旧有些惊恐。在特比妈妈的怀抱中，利基—蒂基暗暗觉得有些好笑，因为它不理解他们为什么要哭泣和大惊小怪，反而觉得他们应该安抚一下小特比才对，因为他刚刚吓坏了。但尽管这样，利基—蒂基还是非常开心。

在吃晚餐的时候，利基—蒂基可以任意在餐桌上走动。它体力消耗很大，本应该吃下更多的食物，但一想起耐格夫妇，它就努力控制住自己的食欲。虽然特比的妈妈不停地抚摸它，特比还让它坐在自己的肩膀上，但它还是随时保持警惕，双眼通红。

晚上的时候，特比将利基—蒂基带到房间里，并且一定要让它睡在自己的胸前。利基—蒂基是一只非常有教养的獴，它不但没有抓咬特比，而且等他睡着之后，就赶紧跳下床开始在各个房间里巡查。当它在黑暗中行走的时候，正好遇到了一只紧靠着墙根走路的麝鼠，他叫顾昆德拉。顾昆德拉十分悲观，当它遇到利基—蒂基的时候，就开始不停地哭泣起来。顾昆德拉的胆子很小，每当它决心要冲到屋子中央时，总是由于害怕而没有做到。

“千万不要杀我！”顾昆德拉低声地说，“请不要杀我！”

“难道你觉得我会杀麝鼠吗？”利基—蒂基不解地说。

“我怎么知道，”顾昆德拉伤心地说，“可怕的耐格会不会在哪天看不清，错误地把我当成你，然后杀了我！”

“别担心，这种事情是不可能发生的！”利基—蒂基说，“我知道你一直都不敢去外面的花园里玩耍，而耐格也只会待在那个花园里罢了。”

“可是……”顾昆德拉突然停住了，“小声点儿，要知道，耐格随时随地都有可能出现。”

顿时，顾昆德拉开始哇哇大哭起来。“我太不幸了！”它抽泣道，“我胆小到竟然不敢跑到地板中央去！小声一点儿，难道你真的没有听到吗？我不能说，什么都不能说！”

于是，利基—蒂基只好竖起耳朵仔细地听了听。屋子里看上去安静极了，但是，它仿佛听到了世界上最细小的声音——这声音好像是蜜蜂在窗户上爬动时发出来的——是蛇皮与地面摩擦时发出来的声音。

“顾昆德拉，你没说错，那声音不是耐格发出来的，就是耐格阿娜弄出来的！”利基—蒂基说，“这声音正准备爬到浴室的排水口。没错，我确实应该早点儿料到的。”

利基—蒂基小心地走进了特比的浴室里，它在那儿没有发现任何可疑动静。于是，它又来到特比爸爸妈妈的浴室。在这间浴室的墙角，利基—蒂基发现那儿有一小块砖被卸了下来，人们将那儿设计成一个排水口，用来清空浴盆中的水。浴盆被放在一个台子上，利基—蒂基看了看台子，然后顺着台子滑进了排水道中。这时，它已经能听到外面的交谈声了，那是耐格夫妇在月光下的低语声。

“一旦这座房子里没有人类居住，”耐格阿娜说，“那只可恶的獴就必须离开，到那个时候，这座房子和花园就是我们的地盘了！现在，你快进去，先将那个白天打死科瑞特的男人咬死，接着通知我一声，最后我们一起去杀死那只獴。”

“咬死这些人，真的有好处吗？”耐格说。

“只要人都死光了，獴也就不能在这里生存下去了，到那时，我们便是这儿的新主人，可以呼风唤雨了！你可要记住，我们的孩子或许明天就要出生了，我可不想它们一出生就挤在那么狭小的地方生活。”

“我倒没有考虑到这一点。”耐格说，“好，我这就进去。但是，我想咱们不用再去杀那只獴了。我先杀死那个高大的男人，然后咬死他的妻子，如果还有时间，我再杀了他们的孩子，最后悄悄地离开。等房子空了，那个利基—蒂基自然就会走了。”

听到耐格的话，利基—蒂基气得仿佛全身被针扎了一般难受，它又急又恨，胡须全都竖了起来。这时，耐格一头钻进了排水管中。利基—蒂基连忙躲了起来。尽管利基—蒂基非常愤怒，但当它看到耐格拖着长长的身体进入到浴室时，心里仍不免有些犹豫。耐格快速地将身体盘了起来，然后抬头观察黑漆漆的浴室。

“嗯，如果在这儿和它搏斗，恐怕会惊动外面的耐格阿娜，到时候他们一起攻击就不好对付了。如果在表面光滑而又宽敞的地板上与它交战，它又会占据上风，应该怎么办呢！”利基—蒂基不停地思考着对策。

耐格开始摇摆自己的身体，利基—蒂基能听到耐格此时正在一口最大的水缸旁喝水。“棒极了！”耐格高兴地说，“看看，科瑞特白天之所以会被那个男人杀死，是因为他手里握着一根铁棍。我想，他现在一定还带着那根铁棍睡觉呢。可是，他明天早上就不会拿着铁棍来洗澡了，所以我就在这儿等他来好了。耐格阿娜，听到没有？我就在这儿等他！”

外面一片寂静，没有任何回应，利基—蒂基明白耐格阿娜已经走了。只见耐格将整个身子缠绕在水缸底部，而此时的利基—蒂基则站在一旁的黑暗处一动不动，仿佛死了一般。过了一个多小时，利基—蒂基开始悄悄地向大水缸移去。这时，耐格已经睡着了。利基—蒂基站在耐格身后，反复思考着应该从哪个地方下手。“如果我冲过去咬它的脊背，但又不能一下子死死咬住的话，”利基一蒂基心想，“那么，它一定会剧烈地反抗。一旦它反抗——唉！利基一蒂基！”它又仔细地看了看耐格的脖子。对它来说，耐格的脖子实在是太粗了，它肯定咬不住。但要是直接去咬耐格的尾巴，这恐怕只会激怒耐格，让它变得更加暴躁。

“看来只能咬它的脑袋了，而且一定得死死地咬住！”利基一蒂基下定决心了，“一旦咬下去，死都不能放开。”

接着，利基一蒂基便尽力扑了过去。耐格的脑袋就在水缸下边，但离水缸还是有一些空隙的。当利基一蒂基咬住耐格的脑袋时，它立即用身体靠在了水缸上，然后用力将耐格的脑袋往下面压。对利基一蒂基来说，它只有1秒钟的时间，但因为它发挥了这个支点的作用，所以大大地增加了胜算。接着，耐格开始疯狂地挣扎起来，它发狂地摇摆着身体，这个情形就像狗用嘴叼着老鼠甩来甩去一般——利基一蒂基不知道在地板上撞击了多少次，然后又上上下下地转了几个圈。利基一蒂基双眼通红，一个劲儿地咬住耐格的脑袋不松口，而耐格则拼命地摇晃身体，就像一根皮鞭似的不停拍打地面，还打落了不少盆子、洗漱用品。利基一蒂基紧紧地咬着，它想自己恐怕都要被撞死了，但为了整个獴家族的荣耀，哪怕是死了，它还是希望当人类发现它的时候，自己仍旧紧紧地咬着耐格的脑袋。渐渐地，利基一蒂基感到有些犯晕了，它浑身疼痛，身体仿佛都要散架了似的。就在这个时候，它的身后发出了两声巨响，好像打雷一般。接着，便是一股巨大的热浪，这股热浪冲得他一下子失去了知觉。原来，这正是两颗子弹的威力——高大的男人被浴室中的喧闹声给吵醒了，他连忙找来了猎枪，当子弹穿透耐格的脖子时，火光便燃烧起来了。

此时的利基—蒂基躺在地板上一动不动，它双眼紧闭，想着自己大概已经死了，而耐格则躺在一旁再也没有动弹。男人走了过来，轻轻地捧起虚弱的利基—蒂基，对妻子说："你看，它救了我们全家的性命。"

最后，利基—蒂基终于疲惫地回到了特比的房间。尽管它已经累得要死了，但还是用了很长的时间抖动身体，它是想看看自己是不是和想象中的那样，被耐格撕成了碎片。

等到第二天清晨的时候，利基—蒂基感到浑身疼痛难忍，但它的心里还是充满了幸福感。"现在，耐格阿娜该要和我清清总账了！这个狠毒的耐格阿娜，恐怕五个耐格都没有它坏！不过，不知道它们的蛇蛋究竟藏在哪儿，什么时候孵出来。天啊！我必须去找塔尔奇！"想着，利基—蒂基便顾不上吃早餐，赶紧来到花园中。

当它找到塔尔奇的时候，塔尔奇正站在窝里高唱凯歌，一旁的清洁工正在清扫浴室，他将耐格的尸体扔在了垃圾堆上。原来，耐格被杀死的消息早已传遍了整个花园。

"愚蠢的家伙！"利基—蒂基生气地说，"你怎么还有时间在这里唱歌？"

"可怕的耐格这次终于死了，它真的死了！"塔尔奇高兴地唱着，"勇敢的利基—蒂基啊，死死地咬住它的脑袋！它再也不会吃我的孩子了！"

"你说得没错！但是耐格阿娜现在在哪儿呢？"利基—蒂基警惕地说。

"当耐格阿娜去排水口呼唤耐格的时候，竟然发现清洁工用木棍将它扔到了垃圾堆上！"塔尔奇再一次高声唱道。

"如果我能跳到那么高，一定会将你们的孩子全都弄下来！"

利基—蒂基简直气坏了，“你完全不知道自己应该做什么！你们在上面确实很安全。可我呢，我必须在地面上和它们战斗！塔尔奇，你停一会儿吧！”

“好的，我听命于伟大的利基—蒂基，我现在不唱了！”塔尔奇高兴地说，“请问有什么事吗，我最可敬的英雄？”

“我已经问过你3次了！耐格阿娜现在究竟在哪儿？”

“它！它现在在垃圾堆那儿悼念它的亡夫呢！我最伟大的利基—蒂基！”

“够了，塔尔奇！那么，你知道耐格阿娜将它的蛇蛋都藏在哪里了吗？”

“耐格阿娜早在几个星期以前就把它们的蛇蛋藏在了围墙那头，就是瓜田那里。因为那儿整天都有太阳照射，所以非常温暖。”

“就在围墙那边，是吗？”

“利基—蒂基，难道你是要吃掉它们的蛇蛋吗？”

“不，塔尔奇，你能用脑袋思考一下吗？我这就去一趟瓜田，但如果就这么去了，它一定会发现我的。所以，你赶紧飞到垃圾堆旁边，假装翅膀折断了，然后将耐格阿娜引到这儿来。”

塔尔奇的确是个非常愚笨的家伙，它的脑袋中永远只会思考一个问题。它明白耐格阿娜的孩子也是从蛋里孵化出来的，就像自己的孩子一样，因此，当利基—蒂基说要去找蛇蛋的时候，它觉得这么做是不对的。但塔尔奇的妻子是一只非常聪明的小鸟，它很快就明白了利基—蒂基的用意——蛇蛋里的小蛇很快就会变成战斗力很强的小眼镜蛇。于是，它连忙飞了出来，让塔尔奇留下照顾孩子。

很快，塔尔奇的妻子就来到了耐格阿娜的面前。它站在地上不断拍打着翅膀，大声喊道：“噢！怎么办，住在房子中的小男孩朝我扔小石头，打断了我的翅膀！”这时，它扑打得更加吃力了。

“要不是因为你们的提醒，那个利基—蒂基恐怕早就死了！现在你翅膀断了，竟然还敢到我这里来，看来真是不想活了！”说着，耐格阿娜迅速朝塔尔奇的妻子爬过去。

“那个调皮的小男孩，他打断了我的翅膀！”塔尔奇的妻子又一次大声地叫着。

“正好，我还要找那一家人算账呢！今天，它们让我的耐格躺在了垃圾堆上。不用等到天黑，我就要让它们全家都躺在地面上！小傻瓜，别跑了，要抓你不是什么问题！快看着我！”

塔尔奇的妻子明白，绝对不能看蛇，更不能看它们的眼睛，因为它们的眼神一定会让小鸟们吓得不敢动弹。她只是继续扑打着自己的翅膀，然后站在地面上不停地尖叫。这时，耐格阿娜也加快了爬行速度。

一听到塔尔奇妻子的叫喊声，利基—蒂基便急急忙忙地奔到了瓜田边。在这一堆乱七八糟的枯枝烂叶中，它终于找到了耐格阿娜的25个蛇蛋。耐格阿娜严严实实地藏好了这些蛋，它们一个个长得和鸡蛋差不多大，唯独表面是一层蛋皮，而不是蛋壳。

“幸好我及时赶来了。”利基—蒂基之所以会这么说，是因为它已经能看到蛋皮里蜷缩着的小蛇了。利基—蒂基非常清楚，刚刚出生的小眼镜蛇同样具有很强的战斗力，它们甚至可以杀死一个人或是一只獴。于是，利基—蒂基赶紧开始咬蛇蛋，并小心翼翼地将它们踩死。它不断地检查着四周，确定是不是还有蛇蛋被漏掉了。最后，落叶中只剩下3个蛇蛋了，利基—蒂基这才稍微松了一口气，开心地笑了。

就在这时，不远处传来了塔尔奇妻子的尖叫声：“天啊！快来！利基—蒂基！耐格阿娜去房子那儿了，现在，它已经爬上了阳台——快点儿过来！因为它想杀人，它要杀人了！”

利基—蒂基赶紧弄破了其中的两枚蛇蛋，然后叼起第三枚蛇蛋，匆匆忙忙地冲出了瓜田，快速向阳台跑去。这时，它看到特比正和他的爸爸妈妈坐在阳台上吃早餐，但他们并没有动手触碰桌子上的食物，只是呆呆地坐在椅子上，一动不动。原来，这时的耐格阿娜已经爬上了特比身边的一张席子上，他们之间的距离那么近，仿佛只要耐格阿娜轻轻一动，就能死死咬住特比的腿。耐格阿娜正高兴地唱着凯歌。

“小家伙，是你的爸爸残忍地杀害了我的丈夫，”耐格阿娜说，“好好坐着，不要动，现在我并没有打算杀死你，耐心等一会儿，你们三个愚蠢的人，不许动，只要一动，我就会杀了你们，就算不动，我还是会杀死你们！噢！愚笨的人啊，竟然杀害了我的丈夫！”

特比的爸爸紧张地盯着特比，他只能轻声说：“勇敢的特比，千万不要动，一定要镇定下来。”

利基—蒂基快速冲向这边，它大声喊道：“耐格阿娜，这是我们之间的较量，和他们无关！快点儿转过你的身子来！”

“好啊，你也来了！”耐格阿娜并没有移动自己的身子，“你先看着你的朋友们都是怎么死的吧，等解决完他们，我再和你算账！你要是再向前走一步，我就立即咬死这个小家伙！”

“你还是先去看看你的孩子们吧！”利基—蒂基说。

耐格阿娜微微地侧了一下身子，它一眼就瞧见了那枚放在阳台上的小蛇蛋。“噢！不要，还给我，快把蛇蛋还给我！”它愤怒地朝利基—蒂基吼道。

利基—蒂基将蛇蛋放置在自己的两脚之间，眼睛红得吓人："我不知道这枚蛇蛋到底有多珍贵，它是一条眼镜蛇，或许还是一条眼镜蛇的帝王呢！但我只知道它是最后一枚蛇蛋了，你们窝里的最后一枚！而其他的蛇蛋呢，现在恐怕已经被蚂蚁吃光了。"

突然，耐格阿娜猛地转过身体，现在，它满脑子都是蛇蛋，其他的一切都不在乎了。当利基—蒂基看到特比的爸爸快速地抓过特比时，它知道特比已经安全了。

"快来吧，耐格阿娜，快来和我决斗吧！但我保证，过不了多久，你这个寡妇就可以去找你的丈夫了！"利基—蒂基跳着说道。

耐格阿娜感到情况不妙，一来不能再去杀特比了，二来自己的孩子正在利基—蒂基的手中。

"求你了，把最后一个孩子还给我吧！我保证，我会离开这儿，再也不回来！"耐格阿娜说着，便将脖子缩了回来。

"没错，你确实再也不会回来了，因为过不了多久，你就要和你的耐格一起躺在垃圾堆上了。好了，我们决斗吧！听着，高大的男人已经进去拿枪了，我们决斗吧！"

利基—蒂基不停地跳跃着，但始终与耐格阿娜保持一定的安全距离，它的双眼红彤彤的，好像一对燃烧的铁球。终于，耐格阿娜铆足了劲儿发起进攻，利基—蒂基急忙躲过去。接着，耐格阿娜再一次发动进攻。就这样，它的脑袋不停地与阳台上的席子发生碰撞。随后，它又将身子盘成了一个圆圈，仿佛钟表里的发条一样。利基—蒂基趁机跳到它的身后。它连忙转身，让自己的头始终和利基—蒂基的头对着。

慢慢地，利基—蒂基忘记了那个放在阳台上的蛇蛋，而耐格阿娜已经离蛇蛋愈来愈近了。终于，耐格阿娜一下子叼住了那个蛇蛋，然后像离弦的箭一样冲了出去。利基—蒂基急急忙忙赶上去。

利基—蒂基明白自己必须抓到耐格阿娜，不然将来会有数不清的麻烦。

在经过塔尔奇的巢边时，利基—蒂基听到塔尔奇仍旧在唱着歌。但它的妻子是非常聪明的，当它看到耐格阿娜带着蛇蛋逃离时，赶紧飞了出来，不停地在耐格阿娜的脑袋上拍打自己的翅膀。

如果塔尔奇当时也出来帮忙了，恐怕早已让耐格阿娜调转了方向。但塔尔奇妻子的帮忙还是发挥了一些作用，这一秒钟的停顿最终让利基—蒂基追了上来。它一下子用尖牙咬住了耐格阿娜的尾巴，然后随着它一块儿钻进了蛇洞中——哪怕是最老练的獴，也绝不会轻易钻进蛇洞的，因为一旦进入洞中，它就很难想到眼镜蛇会从哪个地方出来袭击他。

在这个黑乎乎的蛇洞里，利基—蒂基只是紧咬着耐格阿娜的尾巴不放，将自己的四肢当成刹车，死死地蹬着地面上的泥土。

突然，蛇洞门口的草丛不再摇晃了，塔尔奇悲伤地说："我们的英雄死了，完了，可怕的耐格阿娜一定在洞里杀死了它！"

正当塔尔奇在窝巢中自顾自地唱挽歌时，蛇洞门口的草丛又开始摇晃起来，紧接着，满身泥土的利基—蒂基拖着沉重的步子慢慢地走了出来。它轻轻地打了几个喷嚏，然后说："所有的噩梦都结束了！它们再也不会出现了！"

住在附近的蚂蚁们听到这句话后，赶紧有秩序地爬进蛇洞中，它们要检查一下利基—蒂基有没有撒谎。

这时，利基—蒂基只是蜷起疲惫的身体，然后倒在地面上沉沉地睡去了——它一直睡，直到下午接近黄昏的时候才慢慢醒来。

"好了，"利基—蒂基说，"我得回到特比的身边了。塔尔奇，告诉啄木鸟，耐格夫妇都死了，它一定会让整个花园都知道的！”

当利基—蒂基走在回去的路上时，它听到啄木鸟发出了“叮叮当当”的声音。很快，整个花园都热闹起来：小鸟们齐声欢唱，青蛙们呱呱直叫……因为耐格夫妇曾经捕食过它们的同伴。

利基—蒂基终于回到了房子跟前，特比的父母全都出来了，他们望着小小的利基—蒂基，几乎都要哭出来。晚上，利基—蒂基吃了很多食物，一直到它再也吃不下为止。接着，它便跳上特比的肩膀，跟着他一块儿去休息。

半夜里，特比的爸爸妈妈来到特比的房间，只见利基—蒂基正躺在特比的身边熟睡着。

“这个小家伙救了我们全家人的命！”特比的妈妈轻声说。

突然，利基—蒂基猛地坐了起来，它总是睡不安稳，就像其他獴一样。“噢！是你们啊！”利基—蒂基笑道，“不用担心了，眼镜蛇都死光了，就算它们还没有死完，不是还有我在这儿吗！”

现在，这个名叫利基—蒂基的小家伙有权感到自豪和骄傲，但它从来没有骄傲过。就像其他獴一样，它继续用自己的尖牙利爪和敏捷身手保护着整座花园，从此再也没有一条眼镜蛇敢进入这座花园。

**图书在版编目（CIP）数据**

文学大师给你讲科普故事. 惊奇卷 / 龚勋主编. —杭州：浙江科学技术出版社，2015.1（2015.6重印）

ISBN 978-7-5341-6321-0

Ⅰ. ①文… Ⅱ. ①龚… Ⅲ. ①科学知识—普及读物 Ⅳ. ①Z228

中国版本图书馆CIP数据核字（2014）第262307号

书　　名　**文学大师给你讲科普故事　惊奇卷**
总 策 划　邢　涛
主　　编　龚　勋

出版发行　**浙江科学技术出版社**
杭州市体育场路347号　邮政编码：310006
办公室电话：0571-85176593
销售部电话：0571-85176040
网　　址：www.zkpress.com
E-mail：zkpress@zkpress.com
设计制作　北京创世卓越文化有限公司
印　　刷　北京赛文印刷有限公司

| | | | |
|---|---|---|---|
| 开　　本 | 720×975　1/16 | 印　　张 | 12 |
| 字　　数 | 140 000 | | |
| 版　　次 | 2015年1月第1版 | 印　　次 | 2015年6月第2次印刷 |
| 书　　号 | ISBN 978-7-5341-6321-0 | 定　　价 | 25.00元 |



**责任编辑**　胡　水　杜宇洁　**责任校对**　张　宁　**责任印务**　田　文